京都・異界をたずねて

文・・蔵田敏明／写真・・角野康夫

淡交社

はじめに

異界は聖域でもある

昨日あった建物が今日取り壊され、明日には新装のビルディングが建っている。秒針の動きに合わせ千変万化の様相を見せる都市空間。このような現代の中にあって、千年単位で時を刻んでいるのが京都という町である。東京や大阪といった都市に比べ、昔のままの様相を保っている。神社仏閣、原始的な杜《もり》が、そのまま現代に残っていることはいうまでもなく、目には見えないが、千年前の陰陽師《おんみょうじ》たちが張り巡《めぐ》らした呪術《じゅじゅつ》までもが今なお生きている。明らかに人間とは違うモノが棲《す》んでいる空間――異界。この論理的に説明のつかない謎の空間が、京の町のあちこちに厳然とある。

生老病死、天変地異、人の力ではどうすることも出来ないものが、この世にはある。それを最も畏《おそ》れ、回避しようと一所懸命だった人物、それが桓武天皇（七三七―八〇六）であり、京都という町を築いた人々であった。桓武天皇は、愛する人を失い、疫病、飢饉に悩まされ、幾重にも襲《おそ》いかかる不幸に見舞われた。天皇はそれを、弟の早良親王《さわらしんのう》（?―七八五）の怨霊《おんりょう》が成せる祟《たた》りだと捉《とら》えた。真剣に生きるがゆえに怨霊と対峙《たいじ》し、敬虔《けいけん》な一念で祈り祀《まつ》った。そして四神《ししん》（四方の神。東は青竜《せいりゅう》、西は白虎《びゃっこ》、南は朱雀《しゅじゃく》、北は玄武《げんぶ》）を配し、大将軍《だいしょうぐん》に都の守護を頼み、鬼の通り道である鬼門《きもん》に社《やしろ》を建てた。これでもか、これでもかと言わんばかりに頑丈な警備を神々に頼んだ。まるで、セキュリティーシステムに用いるレーザー光線のようなものが、京の町に幾重にも張り巡らされているような気がする。

御霊会《ごりょうえ》から始まった京の祭も、荒ぶる神の魂を鎮《しず》める大切な神事である。怨霊がはびこり、魑魅魍魎《ちみもうりょう》の跋扈《ばっこ》する異界が多いところだからこそ、何処《そこ》にもまして京都は祭が多い。祟り神のご機嫌を損ねることなく魂を癒《いや》し、仲良く共存するなかにおいて、反対に荒ぶるパワーを頂戴する、そんな意味合いが京の祭には込められている。

京に暮らす人々は、桓武天皇が畏れていたものを同じように畏れている。目に見えないからといって、その存在を軽んじたり、疑ってはいない。なぜなら、桓武天皇が築いた都は、一度焼失してしまっているからである。――応仁の乱、その勃発は、はからずも、桓武天皇が神の住処《すみか》と定めた御霊の杜や、船岡山《ふなおかやま》なのである。神域が侵され、都は火の海と化したのである。これを単なる偶然というのだろうか。もしかすると、人々を狂気にいざなったのは、怨霊の仕業《しわざ》なのかもしれない……。

京に暮らす人々は、この永い戦のことを、「我関知せず」と、遠い歴史の話には思っていない。昨日のことのように生活の中に捉えている。だから、京都人は方角にうるさい。そして「今日は天神さん」「もうすぐお火焚《ひた》きや」などと、いつも神々と共に暮らしている。

また、本文の中に七不思議という項目があるが、京都には数えきれないほどの七不思議がある。その一部を掲載しているが、この「七」という奇数も、神に通じる神聖な数字であり、怨霊の跳梁《ちょうりょう》を防ぐ役割を担《にな》っている。

鬼が飛来し、怨霊が息づく京の町、ほら、ほら、そこ気をつけて、百鬼夜行が通っているよ。

異界は聖域でもある

はじめに

異界四例
八坂神社　その一　守る　6
晴明神社　その二　救う　10
崇道神社　その三　祟る　12
貴船神社・奥宮　その四　念じる　14

洛中

マップ　17
壬生寺　身代わりになった……18・20
神泉苑　竜神を呼び寄せる……19・21
大将軍八神社　方位に宿る異界の力　22・24
北野天満宮　超人的霊力をもった……23・25
石像寺の釘抜地蔵　苦痛を抜き取ってくれる……27
上品蓮台寺・引接寺　葬送地であった蓮台野　29・30
船岡山　都の魔もの封じの霊山　31
玄武神社　北方を守る霊獣の社　33
今宮神社　疫病を祓う……34
上御霊神社　祟る八人の御霊を鎮める　36
糺の森　偽りをただす森　39
幸神社　縁結びの神　41
白峯神宮　崇徳上皇の怨念を……43
一条戻橋　死んだ人が生きかえり……45
法雲寺　縁切りのご利益がある　47
下御霊神社　重なる悲劇の……49
京都御所　怨霊を断つ　51

洛東

マップ　53
鳥辺野　屍が野ざらしに……54・56
清水の三年坂　転ぶと三年以内に……55・57
六道珍皇寺　あの世への入口は……58・60
西福寺　死者を送る六道の辻　59・61
将軍塚　京の町を見守る……62
吉田神社　鬼を追い払う　64

洛西

マップ　65
蚕の社　神に通じる三つ鳥居……66·68
大酒神社　牛祭の不思議……67·69
蛇塚古墳　風雨に曝された……70·72
野宮神社　縁結びの宮は……71·73
化野念仏寺　漂う無常……74
愛宕神社　不浄を許さぬ火の神の……77
▼愛宕山の七不思議　79

洛北

マップ　81
赤山禅院　御所の鬼門を守護　82·84
秋元神社　命を捨てて村人を……83·85
古知谷阿弥陀寺　即身仏（ミイラ）に……86·88
妙満寺　京にたどり着いた……87·89
鞍馬寺　神秘の山・北方守護の寺　90
志明院　聖なる水の異界　93

洛南

マップ　95
羅城門　平安京の表玄関　96
伏見稲荷大社　狐が稲荷神の使者　100
▼伏見稲荷七不思議　104
上醍醐　〝ダイゴミ〟の霊水……105
宝積寺（宝寺）　寺宝は竜神からの……107
泉橋寺　お堂は建立しなくてよい　109
首塚大明神　動かなくなった鬼の首　111

異界に通じた人　ベスト3

その一　小野　篁　114
その二　小野小町　116
▼女人を守る白蛇　117
その三　安倍晴明　118

ご存知ですか？七不思議

新京極　120
西本願寺　121
清水寺　122

項目別さくいん　124
異界　所在地略図　126

守る

都の東を守る青竜《せいりゅう》が棲《す》む

（八坂神社

やさかじんじゃ

美人になれる「力水《ちからみず》」

四神相応《しじんそうおう》の地京都の東方を守る霊獣青竜。その青竜は、祇園の杜《もり》八坂神社に棲むといわれる。

古来、八坂神社の神殿の下には、竜宮に通じる穴があると伝わっている。その真偽を確かめるべく社務所に尋ねたところ、確かに本殿下に池があり、その上に祇園造りの本殿が建っているという。その竜穴は、深さ五十丈(約一五二メートル)以上あって底が知れない。神殿下のことゆえ、その穴を見ることはできないが、その水脈は本殿脇にも引かれていて、祇園の湧き水として今も飲用されている。地元では気のエネルギーを得る水として「力水」と呼ばれている。またこの水を飲みその並びの美御前社《うつくしごぜんしゃ》へ詣《もう》でると、美しくなるといわれており、祇園の舞妓さんも通っている。

竜神を祀《まつ》る水の神様

「祇園精舎《しょうじゃ》の鐘の聲、諸行無常の響きあり」

『平家物語』の冒頭に登場する祇園精舎は、インドの須達《すだつ》長者が建てた僧の道場のことである。八坂神社も古くは、祇園牛頭《ごず》天王社、祇園社、祇園感神院などといわれており、今の名称になったのは明治元年のことである。祭神は素戔《すさのお》嗚尊《のみこと》、櫛稲田姫命《くしなだひめのみこと》、八柱御子神《やはしらのみこがみ》の三柱。もとは牛頭天王、祇園精舎の守護神である。

奈良、平安初期の頃は、牛の頭を切って竜王の棲む池や井戸に投げ、雨乞いをする神事があった。まさに竜穴のある祇園の社とその祭神牛頭天王は、水の神、水の社として京の町を護っている。さらにまた、この牛頭天王は鴨川の神様ともいわれている。

気のエネルギーを得る「力水」

八坂神社西楼門

祇園祭で怨霊《おんりょう》退散

いつの頃からか、牛頭天王と素戔嗚尊が、同一視されるようになった。八岐大蛇《やまたのおろち》退治で知られる素戔嗚尊は、天照大神の弟にあたり、あまりの凶暴さから高天原《たかまがはら》を追放され出雲に下った悪神として有名である。しかし京の人々はその凄《すさ》まじいマイナスのエネルギーを、悪霊を退散させるパワーとして利用した。その疫病除けの祭礼が、現在の祇園祭である。

その昔、祇園祭は御霊会《ごりょうえ》と呼ばれていた。死霊・怨霊が疫神《えきじん》になると信じられていたためである。祇園祭に携わる氏子は、「蘇民将来《そみんしょうらい》の子孫」と刻まれた護符を持っているが、そこには素戔嗚尊の誓約が込められている。

昔、素戔嗚尊が苦難の旅をしている途中、日暮れて、ある兄弟の家に一夜の宿を乞うた。裕福な弟のほうは宿を貸さず、貧しい兄蘇民将来は、粟飯で手厚くもてなした。素戔嗚尊は、蘇民の家人に茅輪《ちのわ》を腰に付けさせ、それ以外の者を疫病で死滅させた。そして「我は

7月17日の祇園祭巡行

上から、本殿、疫神社

素戔嗚尊なり」と名を明かし「今後疫病が流行《はや》ろうとも、蘇民将来の子と記した茅輪を腰に付けていれば、難から免《まぬか》れる」と誓われた。蘇民将来は、八坂神社の境内にある疫神社《えきじんじゃ》の祭神である。祇園御霊会の時、粟飯を供えるのは、この時の話に由来している。

祇園の杜（もり）の七不思議

先の「竜穴」に加え、八坂神社は多くの伝説があるが、その一つ、竜が鳴く「**1.竜吼**《りゅうぼえ》」がある。本殿玄関入口の東の柱から西へ向いて柏手《かしわで》を打つと、天井に描かれた竜が吼えるという。声をたてるといえば境内東北の日吉社の「**2.夜泣石**」もその一つ。夜になると人の声をだして泣くといわれている。

石に関する言い伝えがもう一つ。舞殿の東にある「**3.二見岩**」は、地軸に達している根深い岩といわれている。祇園の湧き水「**4.力水**」の横に「**5.忠盛灯籠**《ただもりとうろう》」が建っているが、この灯籠は平清盛の父忠盛の武勇を伝える鎌倉期のものである。八坂神社の正門（南門）が、舞殿、本殿と一直線上に並んでいるのも大きな特色である。最近は、当社の正門を、四条通りの突き当たり（西門）だと勘違いしている方が多いが、御輿《みこし》などが行き来する正門は南に位置する門である。この「**6.南楼門**」は高い位置にあるので、石段を下りて境内に入るようになっている。かなりの段差があるように見えるが楼門と、境内にある舞殿、本殿は同じ高さにあるという。

どうして「**7.八坂神社**」なのか。祇園坂、長楽寺坂と坂の多いこの周辺の総称から「八坂」という説もあるが、大蛇を意味する「八尺」から付いたという謂《い》われもある。青竜の棲む杜は森閑としていて、すぐそこの四条通りの喧噪《けんそう》も届かない。どこまでも謎めいている神域である。（以上、次頁境内略図参照）

二見岩

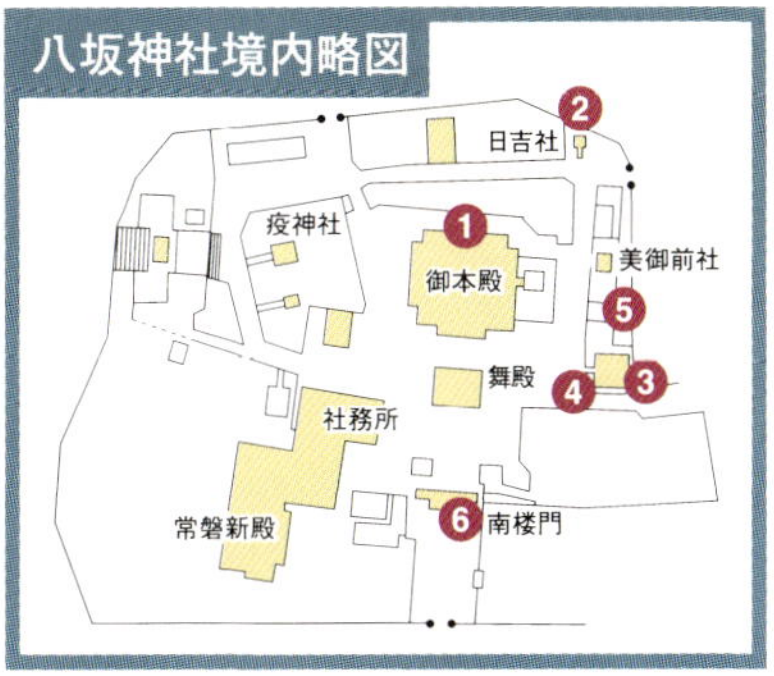

上から南楼門、美御前社（うつくしごぜんしゃ）

霊が集合する神秘の場——鴨の河原

夏の夕暮れ、三条から四条までの鴨の河原は、アベックで溢れる。膝枕をしてもらっている者、ギターを爪弾《つまび》いている者など、仲の良いカップルたちが、熱い空間を創り出す。

しかし、本来（特に古代末から中世にかけて）鴨の河原は、死体を晒《さら》したり、捨てたりする場所であった。つまり死者の霊魂が集まる空間という意味での異界なのである。

鴨の河原において、琵琶法師は、平曲《へいきょく》を語り平家の怨霊を呼び出し、そして鎮《しず》めた。出雲《いずも》の阿《お》国《くに》は、かぶき踊りを舞うことによって魂を慰めた。魂と大きな関わりを持つ芸能者にとって河原は、重要な役割をもつ舞台であった。

また、四条大橋周辺の鴨川は「宮川」と呼ばれ、祇園祭の時の「きよめの水」として使用される。仏教の方では「彼岸」「賽《さい》の河原《かわら》」などの言葉があるように、河原が、あの世とこの世を結ぶ地点になることはいうまでもない。 いずれにしても、鴨の河原は、霊が集合する神秘的な場所であるが、現在は男と女の魂が呼び合う空間となっている。

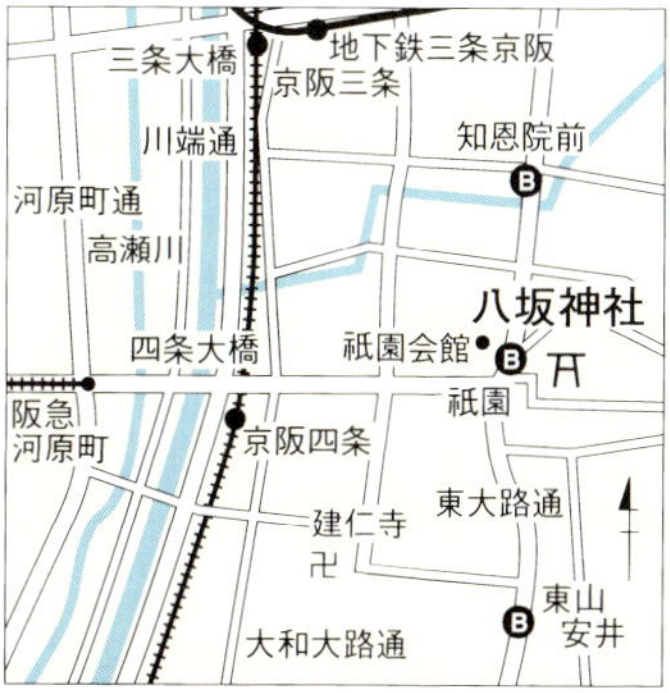

八坂神社

京都市東山区祇園町北側625　電話／075-561-6155
交通／市バス12、31、100、206系統などで祇園下車すぐ。阪急電鉄河原町駅下車、東出口1から徒歩12分。京阪電鉄四条駅下車、南出口6、7から徒歩10分。

救う

鬼や式神《しきがみ》を自由に操った安倍晴明《あべのせいめい》

（ 晴明神社《せいめいじんじゃ》

安倍晴明画像　晴明神社蔵　写真／加藤醸嗣

陰陽師《おんみょうじ》・晴明に恐れるものなし

一条戻橋《もどりばし》から堀川通りの西側を少し上がると、晴明神社が建っている。木々に覆われた境内を本殿へ進むと、御神燈の星マークが目を引き、軒瓦にも星が刻まれていることに気づく。これは「晴明桔梗《せいめいききょう》」と呼ばれる陰陽道《おんみょうどう》の祈祷呪符《じゅふ》のひとつで、天地の間に循環している木・火・土・金・水の五つの気をかたどったもの。万物の除災清浄を表しており、西洋でもまた魔除けの印とされている。

平安時代中期、ここは陰陽道の大家安倍晴明（九二一―一〇〇五）の邸であり、歿後に晴明を祀ったのが神社の起こりだという。このあたりは、平安京の東北の方角、すなわち鬼門の方向に当たる。鬼門は鬼や式神《しきがみ》（陰陽師が操る精霊）が行き来する異界である。晴明は忌むべき魔界との接点にあたる場所に、わざわざ邸を構えていた。何とも不気味な演出ではなかろうか。

『今昔物語集』『宇治拾遺物語』によれば、晴明は邸に誰もいない時は式神を使っていたのか、蔀戸《しとみど》がひとりでに上げ下げされたり、人影もなく門が開閉するなど不思議なことが多くあったと伝えている。

式神に関わる話は他にもある。晴明の技量を試そうと播磨の国から子連れの老僧に扮した陰陽師が、術を習いたいと邸に訪ねてきた。一目会っただけで相手の正体を見破った晴明は、後日よい日を選んでお教えしましょうと、いったん僧を返した。連れの子供を陰陽師が操る式神と見た晴明は、呪文を唱えてその子供を隠してしまう。帰る途中でそのことに気づいた老僧は、慌《あわ》てふためきながら晴明邸に戻り降参し、弟子として仕えたいと言った、という。今でも晴明神社は魔除けや厄除けの神社として信仰を集めている。また本殿北寄りにある晴明の念持力で湧出したという霊水「晴明水」は、飲用すると悪病難病を治すといわれるなど、晴明の威力たるや未《いま》だに凄いの一言。

上から、晴明神社本殿、晴明神社の葭屋町通りにある鳥居

晴明神社
京都市上京区堀川通一条上ル晴明町
電話／075-441-6460
交通／市バス9、12系統などで
一条戻り橋下車、徒歩3分。

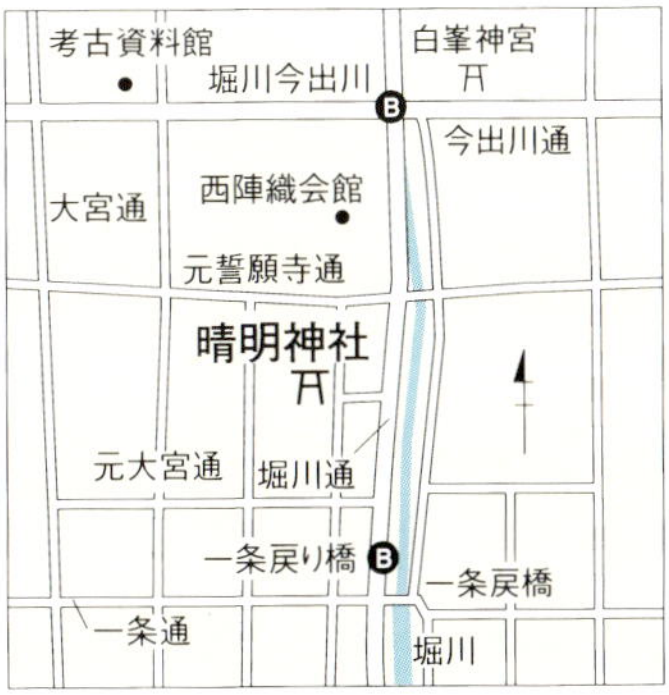

祟る
天皇を苦しめた霊

（崇道神社《すどうじんじゃ》）

早良親王《さわらしんのう》の怨念《おんねん》を癒《いや》す杜《もり》

比叡山の麓、幽邃境《ゆうすいきょう》にある崇道神社は、貞観年間（八五九—七七）の創建といわれ、桓武天皇の実弟早良親王が祀《まつ》られている。

平安京を造営する前、長岡京の造営計画が進められていた。その時、ある事件が起きた。桓武天皇の寵臣《ちょうしん》で造営最高責任者の藤原種継《たねつぐ》が暗殺されたのである。天皇は、実弟である皇太子早良親王の陰謀と判断を下した。そして謀反《むほん》の科《とが》で親王を乙訓寺《おとくにでら》に幽閉《ゆうへい》したのであった。親王は激しく責められたが、罪を否定し続け、ついには飲食を一切断ち、淡路島に流される途中で餓死するという非業《ひごう》の死を遂《と》げる。それでも罪は許されず、屍《しかばね》になりながらも流罪の憂き目にさらされたのであった。

祟《たた》り続けた怨霊

それ以後、桓武天皇の周囲では近親者の死亡が相次ぎ、天変地異も頻発した。陰陽師は早良親王の祟りだと卜占《ぼくせん》。ついに天皇は、長岡京の造営を中止し、新しい都造りを考えなければならなくなった。そしてその一方で、親王の霊を鎮《しず》めるための数々の対策が延暦年間（七八二—八〇六）を通じて行われたのである。

しかし、桓武天皇は死ぬまで早良親王の怨霊《おんりょう》に悩まされ続けなければならなかった。崇道天皇の諡《おくりな》を与えようと、神として祀ろうと、早良親王の魂は鎮められず、凄《すさ》まじい

参道の鳥居

本殿（右）へ続く参道

怨みが癒されることはなかった。

御霊《ごりょう》の思いのままに動く御輿《みこし》

毎年五月五日の祭礼の時、神社から御輿が出されるが、不思議なことに、どこを通るか神幸《じんこう》は定まっていない。御輿（神）は思いのままに動き、道なき所でも平気で通る。村人が逆らおうとすると、御輿が急に重くなる。ある時は叡山電車の線路に立ち止まり、全く動かなくなったこともあるという。

崇道神社は超人的な霊力をもった異界である。昼間でも鬱蒼《うっそう》としており、気のせいかどことなく霊気が漂っているような気がする。

崇道神社
京都市左京区上高野西明寺山
電話／なし
交通／京都バス14、16、17、18系統などで上橋（かんばし）下車、徒歩３分。叡山電鉄三宅八幡駅下車、徒歩10分

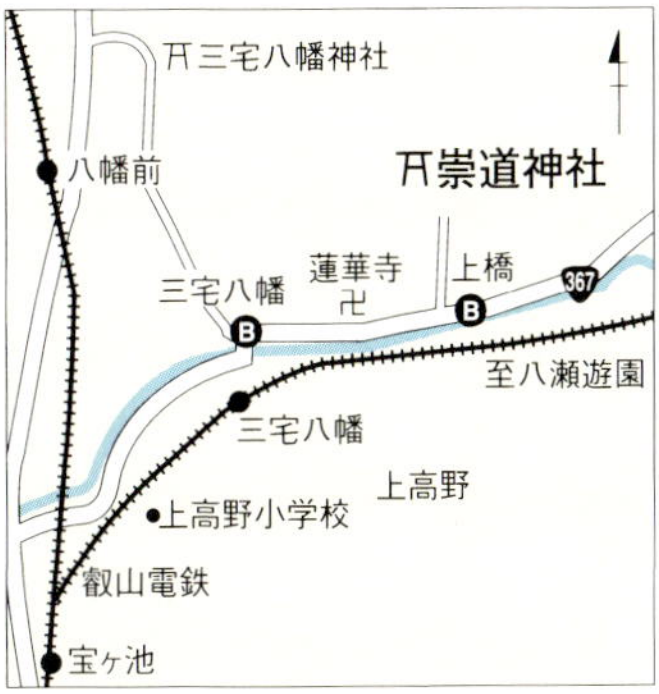

念じる

水の聖地。女性の怨《うら》みをはらしてくれる

貴船神社・奥宮《きふねじんじゃおくのみや》

呪《のろ》いの藁《わら》人形が不敵に笑う

鬼の面をかぶり白い着物を着た女が、霊力の最も昂《たか》ぶるといわれる午前二時頃に、ヒタヒタと音もなく貴船に詣でる。片手に「呪」と書かれた藁人形を持ち、もう一方の手で五寸釘を打ち込む。人に見られるとその呪いは効《き》き目がなくなるという。

『栄花物語』「たまのむらぎく」の巻には、貴船明神が藤原頼通（九九〇―一〇七四）に取り憑《つ》く話が出てくる。頼通は隆姫という正室がありながら、自分の出世のために三条天皇の二の宮を迎えようとする。それからほどなく頼通は危篤状態に陥る。貴船明神が取り憑いたのである。隆姫のことを可哀想に思った隆姫の乳母《めのと》が貴船明神に報告してしまったためである。

貴船明神は、女性につれなくする男性に祟《たた》りをなすという。これがまったくの作り物語でなく、史実を物語化した歴史物語に記述があるということに真実味があり、ゾッとする。

貴船明神に願をかける話は昔から伝わっている。いろいろな文学に取り上げられている宇治の橋姫の話、謡曲「鉄輪《かなわ》」は特に有名。

宇治の橋姫については、屋代本『平家物語』「剣巻」にこんな話がある。嫉妬に駆られた女が、妬《ねた》ましい者を殺すために、生きながら鬼にしてほしいと貴船社に願った。鬼のような姿に変え、お告げ通りに二十一日間宇治川に浸《つ》かり、そのまま鬼になって報復したという。この女が橋姫だというのである。

相生の杉

貴船神社奥宮への大杉の参道

貴船神社・奥宮

また謡曲の「鉄輪」は、自分を捨てて後妻を迎えた夫を恨んだ女が、貴船神社へ丑《うし》の刻《こく》参りをし、鉄輪の足に火を灯して頭に載《の》せ、鬼姿の生霊《いきりょう》となって夫と後妻を呪い殺そうとした話である。

奥宮本殿横にある、船形石。玉依姫（たまよりひめ）が乗ってきたと伝え、航海安全に霊験があるという

嫉妬のあまり鬼と化すほど烈しく懊悩《おうのう》する女の心底には、忘られぬ夫への思慕がほの見える。

貴船奥宮は、本社からさらに三〇〇メートルほど北に行った山中にある。大杉が鬱蒼と繁り、昼なお暗い社である。脇に流れる貴船川には、橋姫が足を浸した「足洒石《あしすすぎいし》」や、「鉄輪の掛石《かけいし》」という奇岩がある。境内にある老樹には、五寸釘を打ち込んだような痕が見て取れる。

男性に捨てられた女性の凄まじい性《さが》の叫びが、今でも貴船の杜《もり》からカーンカーンという杭《くい》打つ音と共に聞こえてくるという。

貴船神社・奥宮
京都市左京区鞍馬貴船町180
電話／075-741-2016
交通／京都バス31、32系統などで貴船口下車、京都バス33系統（春分の日～11月末運行）に乗り替え、貴船下車、すぐ。叡山電鉄、貴船口駅下車約1.8km。

洛中

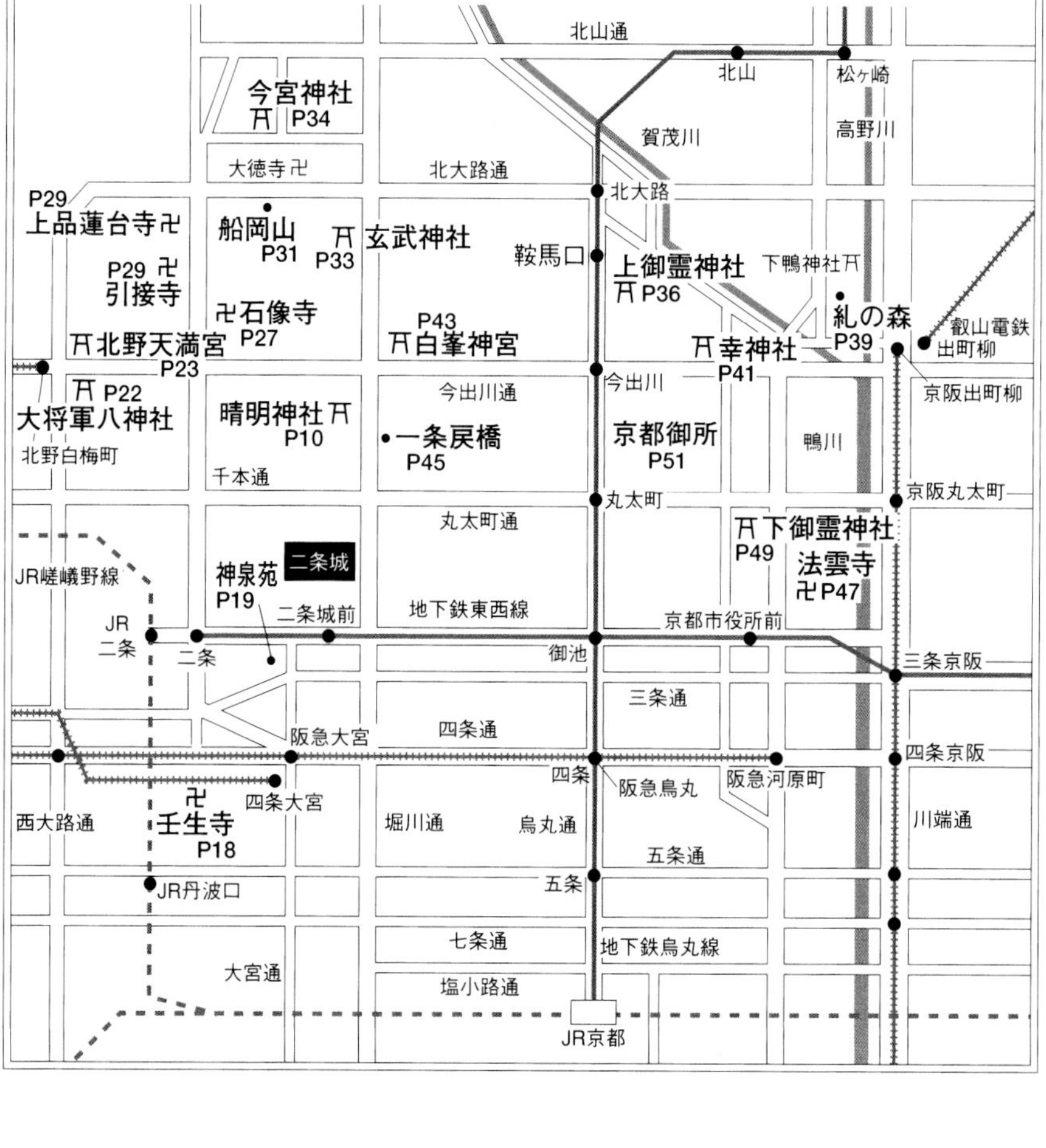

北山通
北山
松ヶ崎
今宮神社
P34
賀茂川
高野川
大徳寺
北大路通
北大路
P29
上品蓮台寺
船岡山
P31
P33
玄武神社
鞍馬口
上御霊神社
P36
下鴨神社
P29
引接寺
石像寺
P27
P43
白峯神宮
糺の森
P39
叡山電鉄
出町柳
北野天満宮
P23
幸神社
P41
P22
今出川通
今出川
京阪出町柳
大将軍八神社
晴明神社
P10
一条戻橋
P45
京都御所
P51
鴨川
北野白梅町
千本通
丸太町
京阪丸太町
丸太町通
下御霊神社
P49
法雲寺
P47
JR嵯峨野線
二条城
神泉苑
P19
JR
二条
二条城前
地下鉄東西線
京都市役所前
二条
御池
三条京阪
三条通
阪急大宮
四条通
四条京阪
四条
阪急烏丸
阪急河原町
壬生寺
P18
四条大宮
西大路通
堀川通
烏丸通
川端通
五条通
JR丹波口
五条
七条通
地下鉄烏丸線
大宮通
塩小路通
JR京都

身代わりになったお地蔵さん

（壬生寺《みぶでら》）

本堂と千体仏塔

本堂

裏鬼門の守り

その昔、壬生は葛野《かどの》郡《ぐん》朱雀野村字壬生といい、あたりは低湿な田野であった。そしてここは地蔵菩薩の救済を必要とする地であった。なぜなら壬生は、平安京の南西、裏鬼門の方角に位置しており、鬼や鵺《ぬえ》といった妖怪が出没する異界なのである。壬生寺は、裏鬼門を守護する寺であった。

竜神を呼び寄せる優美な聖地

神泉苑《しんせんえん》

神秘な池に春景をうつす

天皇御《ぎょ》遊《ゆう》の大禁苑

神泉苑は優美な趣の中に静けさをたたえている。今は二条城の南側に往時の一部を残すのみであるが、もとは平安京造営の時、大内裏《だいだいり》東南付近に造られた大禁苑であった。自然景観を生かした東西二町、南北四町もある苑内には中央に大池があり、池に南面して正殿の乾臨閣《かんりんかく》、左右に楼閣を配して、中島を築いた池の周辺には釣殿・滝殿・橋などが設営されていた。そして、池の水は涸《か》れることがなく滾々《こんこん》と湧いていたという。

納涼や舟遊びなどの行事や遊宴の場所として桓武天皇に始まる行幸は、平城、嵯峨、淳和の四代の間に百回以上にも及んだ。

壬生寺《みぶでら》

縄でしばられた壬生延命地蔵菩薩

ガンデンデンと金鼓《こんぐ》の音が高らかに鳴り響く壬生狂言で有名な壬生寺は、三井寺の快賢僧都《ぞうず》が、母への孝養のために建立した寺で、千年を越える歴史をもつ。ことに正暦二年（九九一）に造顕された本尊地蔵菩薩は霊験あらたかで、承暦年間（一〇七七―八一）に白河天皇が行幸の折りに「地蔵院」と寺号を与えたほどである。以来、現在に至るまでは節分の地蔵詣《もう》では京都一の賑わいをみせている。

『太平記』には、当寺の地蔵菩薩が、南朝方の香匂《こうわ》新左衛門高遠《たかとお》の身代わりになり、敵方に捕らえられた霊験譚《れいげんたん》が記されている。壬生の地蔵像に縄目がついているのは、その時に縛られた痕《あと》であると、語り継がれている。

厄除けの炮烙《ほうらく》割りと鬼払い

仏の教えを説いた壬生狂言も、怨霊鎮《おんりょうしず》めの役割を担っていた。その最初は、正安二年（一三〇〇）三月十四日から二十四日に行われた鎮花・御霊の法会といわれている。現在も立春の前日の節分会（二月二日～四日）には、鬼払い狂言が大念仏堂で上演される。参詣者は素焼きの炮烙に家族の年齢と性別を書き込み厄除け祈願する。奉納された炮烙は春の狂言の序曲「炮烙割り」の時に、舞台の上からことごとく割られ、厄を払う。

この壬生狂言を、新選組の近藤勇や隊士たちも鑑賞していたという。〝鬼〟と恐れられた新選組の屯所《とんしょ》は、この壬生に構えられていた。偶然なのか、はたまた何かの縁《えにし》なのか……。

ガンデンデンのお囃子が裏鬼門に響き渡る。この金鼓の音は、地蔵菩薩との結縁《けちえん》を意味しているのである。

壬生寺
京都市中京区坊城通仏光寺上ル
電話／075-841-3381
交通／市バス11、26、27、28系統などで壬生寺道下車、徒歩6分。

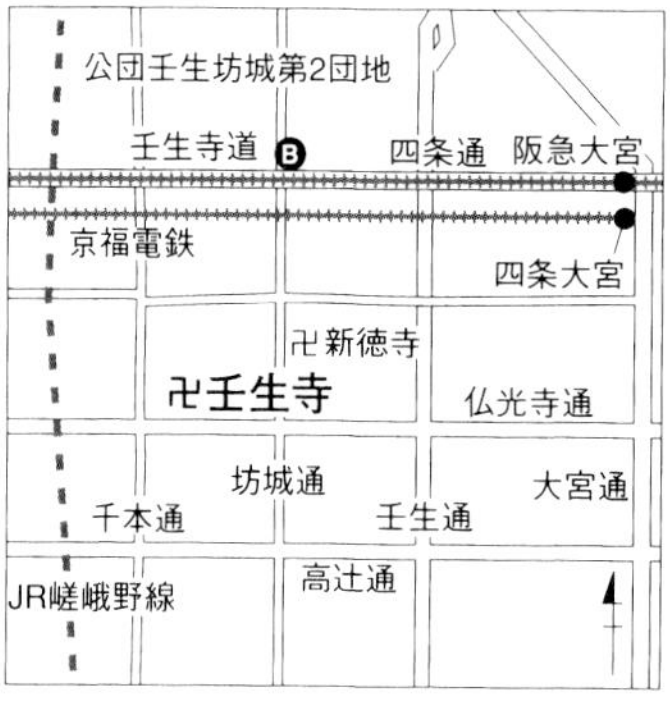

神泉苑《しんせんえん》

祇園社の竜穴に通じる霊場

斉衡《さいこう》三年（八五六）ここで祈雨修法《きうしゅほう》が行われてから、神泉苑は雨乞いや御霊会《ごりょうえ》など宗教的な霊場としての色彩を急速に強めていくようになる。貞観十一年（八六九）の御霊会では、祇園社の御輿《みこし》をかついで疫病退散の神事が行われている。八坂神社の竜穴は、地底をたどり、苑内に通じているともいわれている。神泉苑は竜神を呼び寄せ、疫病神や怨霊を祀《まつ》るための神聖な異界であった。

弘法大師が天竺の竜王を勧請《かんじょう》し、雨を降らせる

神泉苑に天竺の竜王を勧請して大雨を降らせた弘法大師の話が『今昔物語集』にある。ある天皇の御代、日本国中に日照りが続き大変な状態になった。心を痛めた天皇は、大師を呼んで「何とか雨を降らせる方法はないものか」と相談を持ちかけた。「私の修法の中に雨を降らせる方法がございます」と、大師は引き受けた。天皇の勅願に従い神泉苑で「請雨《しょうう》経《きょう》の法」を七日間続けて行っていると、壇の右上に五尺くらいの蛇が現れた。蛇の頭上には、また五寸ほどの蛇が乗っている。その蛇はだんだんと近付いてきたかと思うと池に入っていった。一人の僧が「この蛇の出現は、どのような前兆を示しているのですか」と尋ねる。大師が「天竺に阿耨達智池《あのくだっちち》という池があるが、そこに棲《す》んでいる善如竜王《ぜんにょりゅうおう》がこの神泉苑に通ってこられているのです」と答えるうちに、にわかに空がかき曇り黒雲が空を覆って国中に雨が降ってきた。

『今昔物語集』には他に、神泉苑に竜が出現し、黒雲の間から金色に光る竜の手が出たのを見て正気を失った男の話もある。

神泉苑
京都市中京区御池通神泉苑東門前神泉苑町167
電話／075-821-1466
交通／地下鉄東西線二条城駅前下車、出口３から徒歩２分。市バス15系統で神泉苑前下車すぐ。市バス9、12系統などで堀川御池下車、徒歩６分。

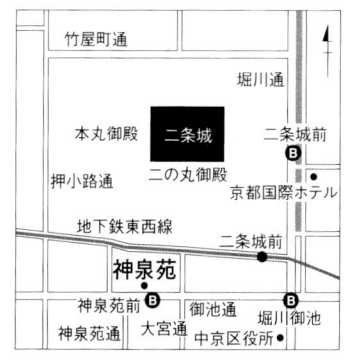

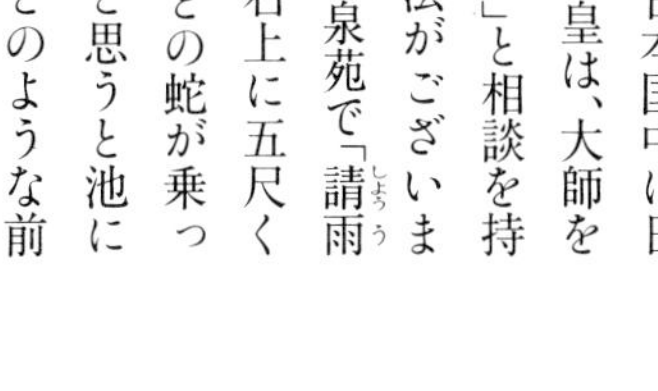

方位に宿る異界の力（大将軍八神社《だいしょうぐんはちじんじゃ》

本殿

参道の正面が本殿

都の守護・西方の神

大将軍八神社は、桓武天皇が平安遷都した延暦一三年（七九四）、大和国春日から内裏《だいり》の北西角のこの地に勧請《かんじょう》された大将軍社のひとつである。桓武天皇は平安京の造営に当たって陰陽師《おんみょうじ》を重用《ちょうよう》、陰陽道に基づいて理想的な都を造ろうとした。怨霊におびえていた天皇は、怨霊から都を守るため東西南北に大将軍社を配したのである。

以来王城鎮護の神として朝廷から崇敬を受けると共に民衆からも、建築、引越し、旅行、婚姻、交通など生活一般に関わる方位の厄災から守ってくれる神として信仰された。平安時代に流行した今様《いまよう》には、霊験あらたかな神として、祇園、日吉、賀茂社と並んで歌われている。

超人的霊力をもった菅《すが》原《わらの》道《みち》真《ざね》

（北野天満宮《きたのてんまんぐう》

本殿前の紅梅

雷神となった道真

境内には合格祈願の絵馬が鈴生《すずな》りである。毎年受験シーズンともなると、当社は全国からの参拝者を迎える。ところが、菅原道真（八四五―九〇三）は左遷《させん》された人物である。それにもかかわらずなぜ受験の神様なのか、と思う人も少なからずいるはずである。それは道真の優秀な頭脳にあやかり、その上で怨霊のパワー、つまりエネルギーとか超人的な力をもらうために祈るのである。北野天満宮は超人的な霊力をもった異界であった。

毎月25日、天神さんの縁日で賑わう参道

大将軍八神社《だいしょうぐんはちじんじゃ》

暦の吉凶を司る

大将軍は陰陽道では暦の吉凶を司る八将神の一つ。また太白星《たいはくせい》（金星）の精で、魔王天王、方伯神《ほうはくしん》ともいわれ西方の神。当地が王城の北西に当たるため方除《ほうよ》けの神として畏敬された。その方位にあたって建物を建てたり旅をしたりすると厳しい災いが起こるというので、昔から非常に畏《おそ》れられてきた。そしてその方角は三年ごとに移動して十二年で一巡する。

方位の信仰は、平安末期から鎌倉初期にかけて最も盛んだった。白河天皇は法成寺《ほうじょうじ》の塔供養の際、当寺が大将軍の方位に当たるからといって行幸《ぎょうこう》を取りやめた。源頼朝は養和元年（一一八一）、大将軍の方位が西方に当たるからと京都攻めを遠慮したという。だが、どうしても行かねばならない場合、昔の人は「方違《かたたが》え」をしたわけである。

江戸時代になると、幕府の保護を受け、吉田神道の影響を強く受けるようになった。大将軍中心の信仰から八将軍神の信仰へと拡大していき、素戔嗚尊《すさのおのみこと》及びその御子八神と暦《れき》神《しん》の八神（太歳神・大将軍・大陰神・歳刑神・歳破神・歳殺神・黄幡神《おうばんしん》・豹尾神《ひょうびしん》で、牛頭天王《ごずてんのう》の八王子をいう）が習合して、大将軍八神宮と呼ばれるようになる。明治以降大将軍八神社

方徳殿に祀られる武装神像のひとつ／写真・加藤醸嗣

大将軍八神社
京都市上京区一条御前通西入３丁目西町48
電話／075-461-0694
交通／市バス8、51、101、203系統などで北野白梅町下車、徒歩６分。京福電鉄北野白梅町駅下車、徒歩８分。

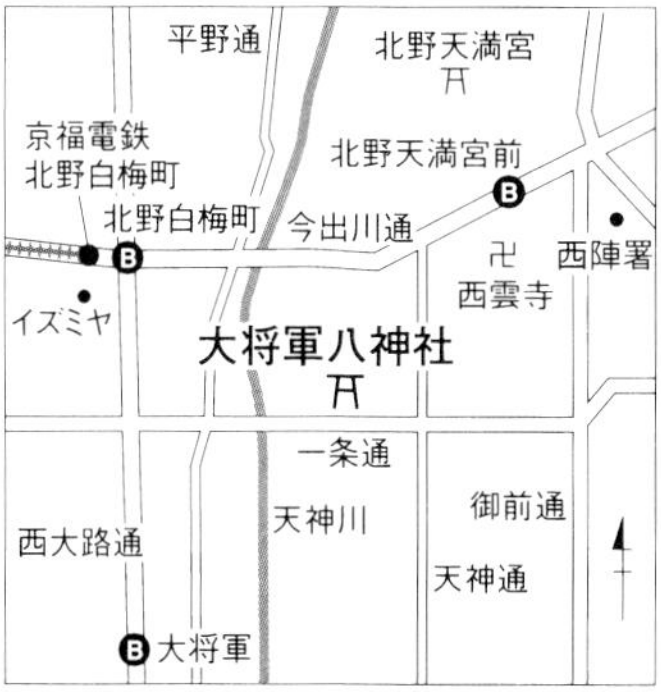

と称して、祭神は素戔嗚尊と五男三女の八神、聖武・桓武両天皇が祀られる。

神像群に圧倒される

境内の正面には桧皮葺《ひわだぶき》の本殿、向かって右に鉄筋三階建ての方徳殿が建っている。この建物には、平安から鎌倉期に奉納された木彫りの神像が、百体以上も所蔵されている。しかも衣冠束帯神像《いかんそくたいしんぞう》、武装神像、童子像など七十九体が重要文化財。しかし近年まで束帯像と半跏像《はんかぞう》が何の神なのか定かではなかった。ところが星曼陀羅（久米田寺所蔵）に描かれている北斗七星像、北斗妙見像と同じ姿であることが判明。方位をつかさどる神であることがわかった。

これほど多くの像を目前にすると、どことはなしに魔界めいた雰囲気が漂う。陰陽師がどこかに潜んでいるような……。

北野天満宮

きたのてんまんぐう

罪をきせられ左遷《させん》

菅原道真は学者文人の家柄に生まれ、学才人間性共に豊かで、宇多・醍醐両天皇の信任も厚い人物として『大鏡』に記録されている。ところが藤原時平《ふじわらのときひら》（八七一―九〇九）の讒《ざん》言《げん》により太宰府に左遷され、そのまま異郷の地で無念の死を遂げた。

いつの世も政権争いや栄達争いは熾烈《しれつ》を極める。そのため権力に絡《から》む陰謀《いんぼう》で失脚し、左遷させられた者の怨みや怒りは凄《すさ》まじい。

案の定道真の死後、奇妙な出来事が次々と起こった。「北野天神縁起絵巻」によると、最初に道真の怨霊が出現したのは、延暦寺第十三世座主《ざす》の法性房尊意の持仏堂であった。夏の夜戸を叩《たた》いて現れた道真の霊は、わが身を嘆き復讐を遂げたい意を述べる。尊意は反対しつつ、霊の喉が渇いているようなので石榴《ざくろ》をすすめた。怨霊は怒り、石榴を口に含んで妻戸《つまど》に向かって吐いた。石榴は炎となり妻戸が燃え上がったという。

北野天満宮《きたのてんまんぐう》

以降道真は大怨霊となって京都に現れ、次々と祟《たた》りをなした。道真を追放した藤原時平が不慮の死を遂げ、それに関連した貴族が続けざまに亡くなった。清涼殿を直撃する落雷は、何人かの貴族を死なせ、醍醐天皇すらノイローゼとなり、譲位して間もなく他界するのである。さらに災厄は一般民衆にも及び、水害、旱魃《かんばつ》、疫病、飢饉と京都の町に災害が頻発した。人々は立て続けに起こる災異を道真の怨霊の祟りと恐れた。その荒々しい魂を鎮めるため朝廷は正暦四年（九九三）道真に正一位、太政大臣を追贈している。

そもそも北野の地には、承和三年（八三六）遣唐使の航海安全を祈願して天神地祇《ちぎ》が祀られ、延喜四年（九〇四）には五穀豊穣を祈って雷神が祀られていた。そこへ落雷をもたらす道真の怨霊とが結び付けられたわけである。

「天神縁起」第五巻第四段には、道真の怨霊が雷神となって清涼殿を襲う様が描かれている。ひれ伏し逃げ惑う貴族たちの中で、雷神に向かって太刀を執《と》って手向かうのがライバルの藤原時平である。

現在毎月二十五日に行われる北野天満宮の縁日は「天神さん」の呼び名で親しまれ、多くの人で賑わっている。これは道真の誕生が六月二十五日、薨去《こうきょ》が二月二十五日ということから鎮魂のためのものであろう。

本殿上部の美しい蟇股（かえるまた）

北野天満宮
京都市上京区馬喰町（ばくろうちょう）
電話／075-461-0005
交通／市バス8、50、203系統などで北野天満宮前下車すぐ。

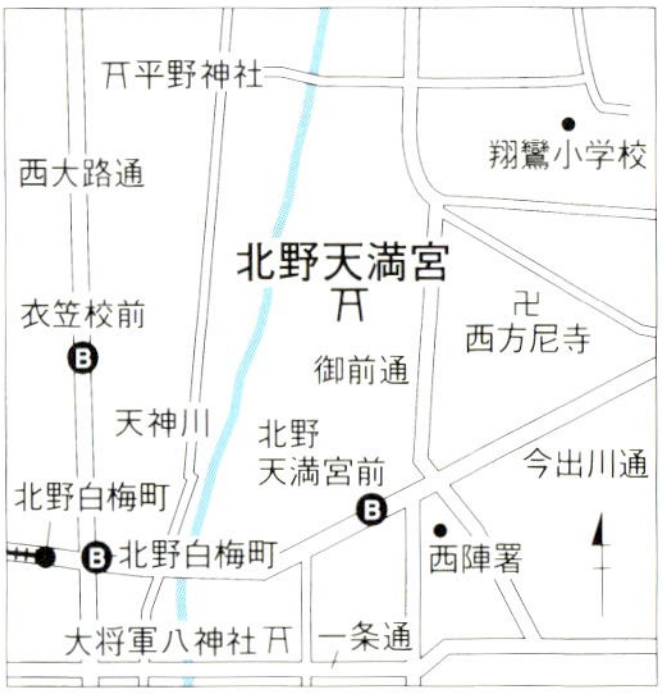

苦痛を抜き取ってくれるお地蔵さん

（石像寺の釘抜地蔵《しゃくぞうじのくぎぬきじぞう》

本堂前の大きな釘抜きは、お参りした人に撫でられて光っている

石像寺の釘抜地蔵

しゃくぞうじのくぎぬきじぞう

石像寺の釘抜地蔵は不思議な霊力を持つ地蔵として知られている。

前世の呪《のろ》い

室町末期、紀ノ国屋道林という商人がいた。商《あきな》いも順調で平安に暮らしていたのだが、あるとき困ったことが起こった。両手がひどく痛み出したのである。効《き》くといわれることは何でも試してみたが、どれも効果はなかった。ある日、出入りの商人が「千本のお地蔵さんの霊験があらたかだと聞きます。試しに参ってみられてはいかがでしょう」とすすめた。道林はワラにもすがりたい気持ちだったので早速出かけていき、七日間の願を掛けた。すると満願の日の夢枕にお地蔵さんが立って言った。「汝は前世に人を怨み、人形を作ってその両手に八寸釘を打ち込んで呪《のろ》ったことがある。その罪が報いとなって返ってきたのだ。わが神力でその釘を抜いてやろう」。お地蔵さんの手には八寸釘があった。ふと気付くと、道林の手の痛みはすっかり取れていた。地蔵堂へ行ってみると、お地蔵さんの前に真っ赤に染まった釘が二本置かれていたという。

当寺を開創した弘法大師が、唐から持ち帰った石を自ら刻み、本尊としたのがこの地蔵と伝えられる。「苦抜き地蔵」と厚い信仰を集めていたが、いつしか「釘抜きさん」と親しまれるようになった。堂前にある鉄製の大きな釘抜きは、人に撫《な》でられて光沢を放っている。

苦痛を取り除く願いが込められた釘抜きの絵馬

釘抜地蔵（石像寺）

京都市上京区千本通上立売上ル花車町503

電話／075-414-2233

交通／市バス46、59、92、206系統などで乾隆校前下車すぐ。

上品蓮台寺・引接寺
じょうぼんれんだいじ・いんじょうじ

源頼光《みなもとのよりみつ》が土蜘蛛を退治した千本鞍馬口

上品蓮台寺がある千本鞍馬口界隈は、妖怪土蜘蛛が棲《す》んでいたところである。数々の武勇伝をもつ源頼光（九四八―一〇二一）がこの土蜘蛛を退治したのは有名な話。ある夜、原因不明の熱病にうなされていた頼光のもとに、僧の姿をした妖怪が現れ、蜘蛛の糸を投げかけた。頼光は、名刀でその妖怪土蜘蛛を斬りつけた。血痕を残しつつ逃げ去った土蜘蛛は、古塚に潜り込んだのであった。

上品蓮台寺の墓地には、武将源頼光の墓がある。椋《むく》の巨木の根本を石柵で囲ったその塚がそれであるが、一説にはこの塚こそ、土蜘蛛が潜伏した塚だという。

極楽浄土の最上級「上品《じょうぼん》」

この上品蓮台寺の「上品」とは、極楽での位を示している。極楽浄土は、上品《じょうぼん》、中品《ちゅうぼん》、下品《げぼん》の三段階に分かれ、さらにそのそれぞれが上生《じょうしょう》、中生《ちゅうしょう》、下生《げしょう》と細分されている。死出の旅に向かう者にとり、上品蓮台寺はありがたい寺なのである。

しかし、上品の位につくためには、引接寺《いんじょうじ》で閻魔《えんま》大王に会い、裁きを受けなければならない。上品蓮台寺の南にある引接寺は、死者に引導《いんどう》を渡し、野辺送りする寺である。一般に「千本閻魔堂」の名で親しまれている当寺は、閻魔の庁を模したという本堂に、巨大な閻魔大王像が安置されている。寛仁年間（一〇一七―一〇二一）比叡山の僧である定覚《じょうかく》によって開かれた寺で、リアルな閻魔大王像の作者は、一説に小野篁《おののたかむら》ともいわれている。

当時、蓮台野に葬送する際、衆生《しゅじょう》の迷いを醒《さ》ますため、境内の鐘を撞《つ》いたという。それが現在の盂蘭盆会《うらぼんえ》にも行われており、八月七日から十五日間、精霊《しょうりょう》を迎える鐘が途絶えることなく千本通りに鳴り響く。この間、本堂は開け放たれ、蝋燭の炎に照らし出された閻魔王の顔が迫まり来る。有無を言わせぬその眼に見つめられると、なるほど誰もが罪状を白状してしまうだろう。

上品蓮台寺
京都市北区紫野十二坊町33-1
電話／075-461-2239
交通／市バス12、59、204、205系統などで千本北大路下車、徒歩５分。

引接寺（千本閻魔堂）
京都市上京区千本通鞍馬口下ル
電話／075-462-3332
交通／市バス46、59、92、206系統などで千本鞍馬口下車すぐ。

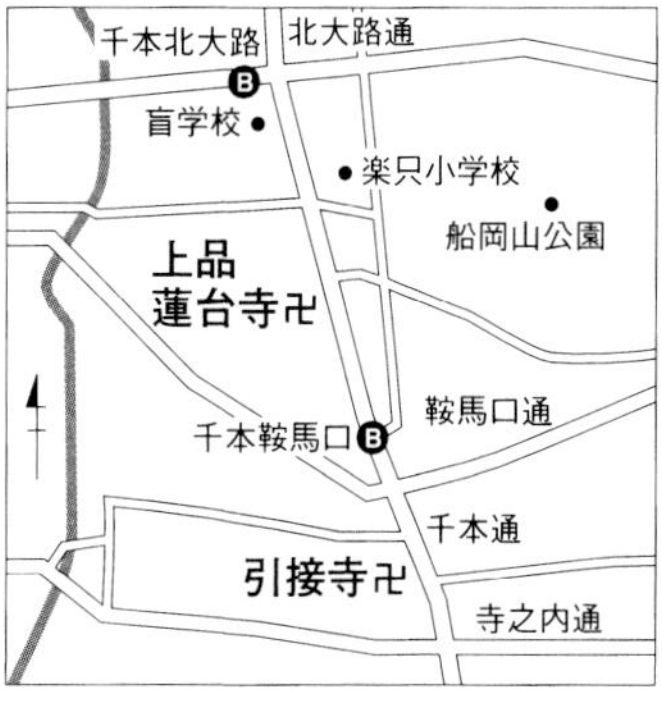

葬送地であった蓮台野（上品蓮台寺・引接寺《じょうぼんれんだいじ・いんじょうじ》

千本の卒塔《とう》婆《ば》が立っていた千本通り

上から、極楽を思わせる上品蓮台寺の枝垂桜、閻魔大王が安置される引接寺

船岡山の西側から紙屋川《かみやがわ》一帯を蓮台野《れんだいの》といい、かつては鳥辺野《とりべの》、化野《あだしの》に並ぶ葬送地であった。千本通りに面して建つ上品蓮台寺は、蓮台野墓地の墓守として創建されたという。千本通りは、蓮台野墓地へ通じる道で、「千本」という名は、墓地に建つ卒塔婆の数をあらわしている。現在は、民家が密集しているが、人が住むようになったのは室町時代以降のこと。それまでは、うら寂しいあの世との境界であった。

都の魔もの封じの霊山

（船岡山《ふなおかやま》

上から、船岡山から南を望む。磐座（いわくら）のおもかげを残す岩はだ

霊獣玄武《げんぶ》が棲《す》む山

北大路通りをはさんで、大徳寺の南西に位置する船岡山。標高一一二メートル、北大路側から登れば、山すそから山頂まで標高差はわずか二〇メートルほど、五分ほどで上りきることができる。小高く優美なその山は、舟形をしているその山容から船岡山と名付けられている。

平安時代、船岡山は都の中央を通る朱雀大路の基点とされ、大極殿の真北に位置した。桓武天皇は平安遷都の際、都を守護する霊獣玄武の棲処《すみか》を船岡山に定めたのである。玄武とは、亀と蛇が合体した形の霊獣で、北の山地に棲息《せいそく》するといわれる神である。

船岡山《ふなおかやま》

神が降臨《こうりん》する山

山頂には、太古の祭祀《さいし》遺跡である巨石、磐座《いわくら》がある。磐座は神社の原形のようなもので、神が祀られていた。古代の人々は、この磐座に参り、霊媒師を通して神のお告げを聞いたのである。この磐座を桓武天皇は、悪鬼封じのひとつとしたのであった。船岡山は神が宿る異界であり、邪気から都を守る魔界封じのポイントであった。

斬首《ざんしゆ》の処刑場となった神域

「岡は船岡……」と清少納言が賞賛している松木立の美しい船岡山は、その昔平安貴族の遊び場であった。それが平安中期頃から麓が葬送の地（蓮台野《れんだいの》）となり、保元《ほうげん》の乱（一一五六年）では、源為義、頼仲父子らが斬首された処刑場であった。中世に入り応仁の乱（一四六七―七七年）では西軍の要《よう》塞《さい》と化し戦火にさらされた。桓武天皇が造った都を焼き尽くした応仁の乱、その基点が船岡山だったとは、単なる偶然なのであろうか……。

神の使い、船岡山の狐

船岡山東面の中腹に織田信長を祀る建勲《けんくん》神社がある。もともとこの神社は織物を伝えた秦氏《はたし》の守護神で西陣織の祖神である。稲荷信仰の発祥で霊狐《れいこ》が祀《まつ》られ、伏見稲荷の命婦《みようぶ》社《しゃ》では、この山の狐が祀られている。船岡山の夫婦狐が子どもを連れて、稲荷山へ詣で、神の使いとなったのであった。

風雨に晒《さら》された素朴な石仏を拝みつつ、建勲神社の境内へ上る。緑の生い茂った麗しい山道であるが、この山がもつ霊気のせいであろうか、どこか鬱蒼《うつそう》とした空気が漂っている。神殿に詣る前に、備え付けの祓《はら》い串《ぐし》を自ら手に取り、左・右・左と自分の身にかざして穢《けが》れを祓《はら》う。その時、船岡公園の方から子どもたちの歓声が聞こえた。「狐やで。そっちの茂みに入ったで」都会の一角ではあるが、この霊山においてはなんの違和感もなく、さもありなんと合点した。

船岡山（建勲神社）
京都市北区紫野北舟岡町49（建勲神社）
電話／075-451-0170（建勲神社）
交通／市バス12、92、205系統などで船岡山（又は建勲神社前）下車、頂上まで徒歩5分（建勲神社本殿まで徒歩10分）。

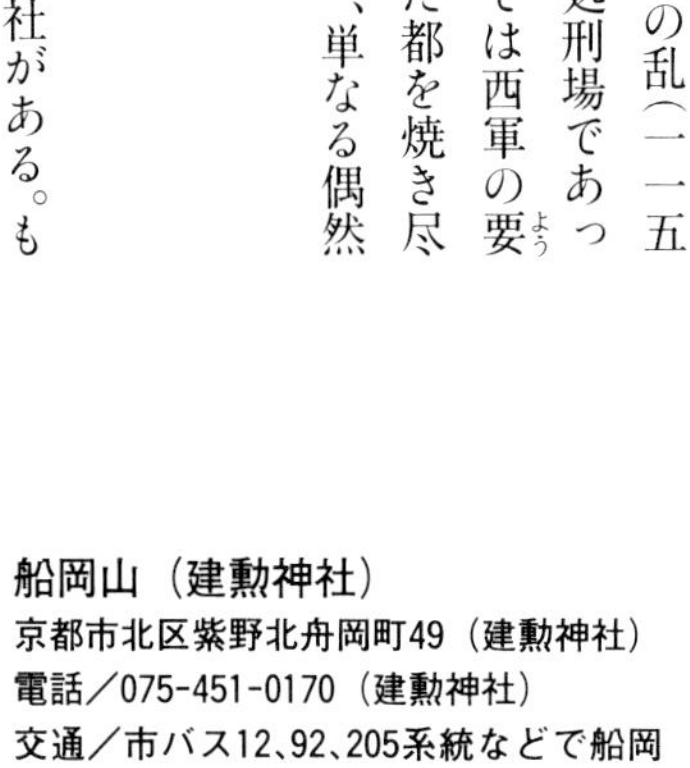

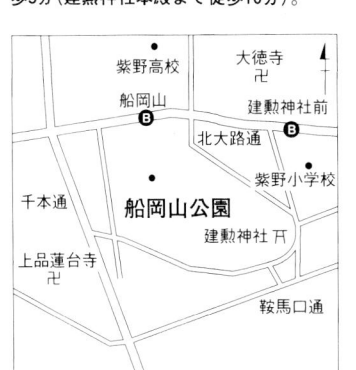

北方を守る霊獣の社（玄武神社《げんぶじんじゃ》）

不遇の親王の霊を鎮《しず》める「玄武やすらい祭」

玄武とは平安京の北方を守護している霊獣のこと。亀に蛇が巻き付いた姿をしており、天の四方を支配する四神のひとつである。

平安京造営にあたって桓武天皇は、風水を取り入れ、京都盆地こそ四神に守護された理想的な地形であると判断した。東には川があってそこには青竜《せいりゅう》が棲《す》み、西に道があれば白《びゃっ》虎《こ》が、南の池には朱雀《すじゃく》というように都の東西南北を四つの霊獣が守るという考え方である。京都盆地に置き換えてみると、東に鴨川、西に山陰道、南に巨椋池《おぐらいけ》、北に船岡山《ふなおかやま》がまさにピッタリと合わさる。これを四神相応《しじんそうおう》という。

惟喬親王《これたかしんのう》（文徳天皇第一皇子。八四四―九七）を祭神とする玄武神社は、船岡山の少し東にある静かな神社である。元慶二年（八七八）大宮郷の郷士《ごうし》が、親王愛蔵の剣を祀《まつ》ったことに始まる。四月第二日曜に開催される「玄武やすらい祭」は、不遇な生涯を過ごした親王の霊を慰めるため、氏子パワーが炸裂《さくれつ》し、疫霊《えきりょう》を退散させる。

玄武神社

玄武神社
京都市北区紫野雲林院町88
電話／075-451-4680
交通／市バス12、92、205系統などで大徳寺前下車、徒歩５分。

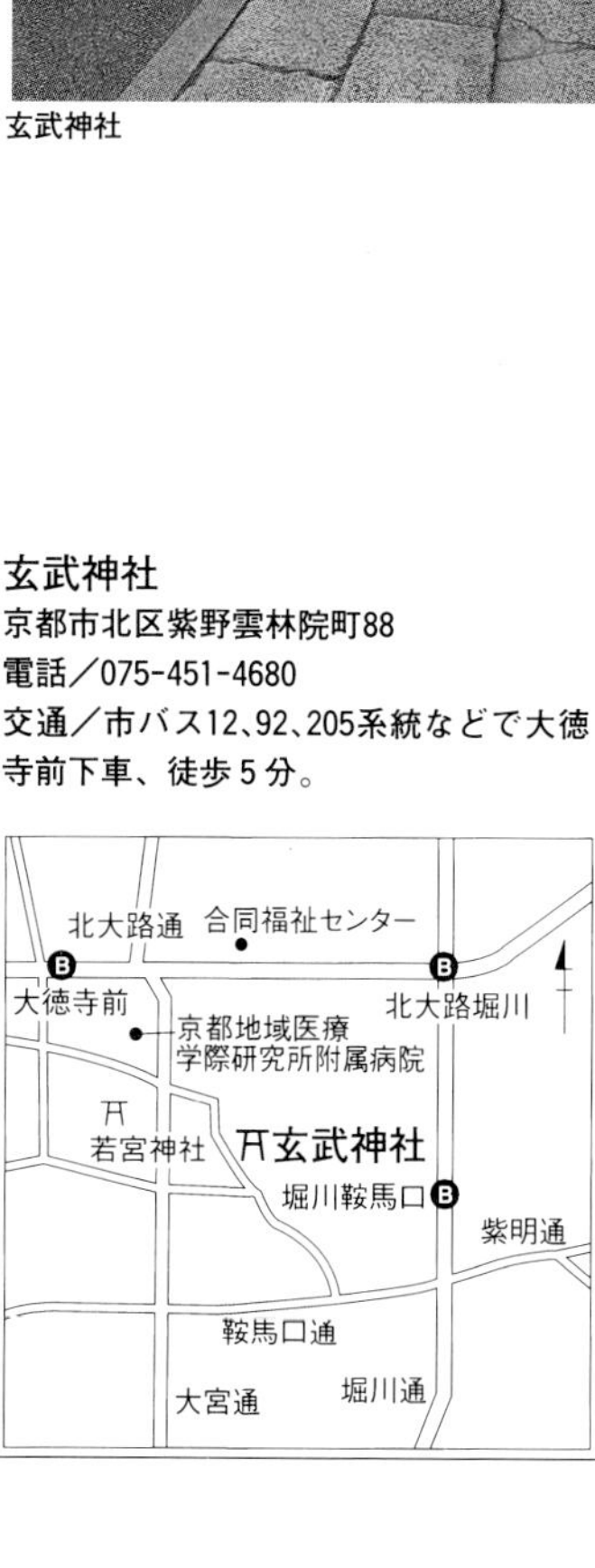

疫病《えきびょう》を祓《はら》う、やすらい祭

（今宮神社）

いまみやじんじゃ

やすらい祭（4月の第2日曜日）

荒ぶる疫神《えきじん》を祀《まつ》る古社

今宮神社は古来疫神を祀り、疫病を祓《はら》うために御霊会《ごりょうえ》が行われてきた古社である。境内には大国主命・事代主命《ことしろぬしのみこと》・奇稲田姫命《くしなだひめのみこと》を祀った本殿と、疫神である素戔鳴尊《すさのおのみこと》を祀った疫神社が鎮座している。この閑静な社は、疫神を鎮《しず》めるために設けられた異界なのである。

正暦五年（九九四）には、洛中に疫病が流行したために、御輿《みこし》を作り当社から素戔鳴尊を担ぎ出し、船岡山で御霊会が営まれた。そして山頂の磐座《いわくら》で荒ぶる素戔鳴尊を鎮めたという。

京の祭は、やすらいさんから

今宮神社に伝わる祭礼「やすらい祭」は、陰暦三月十日、現在では四月の第二日曜日に行われる。「京のお祭は、やすらいさんから始まる」と、京都人はよく言う。花が舞う暖かい春の訪れと共に、疫神は動き出すという。その疫神を鎮め、無病息災を祈願したのが、この華やかな祭の謂《い》わ

壮麗な楼門

れである。美しい花で飾られた緋色の風流傘を中心に、黒毛、赤毛の鬼が今宮に参詣して踊りを奉納する。お囃子《はやし》に続いて氏子の家々を練り歩き、神社に帰還後、風流傘に宿った疫神を神の威光で降伏させるのである。祭の時、この風流傘の下に入ると、その年疫病にかからないといわれている。

今宮参詣で欠かせないのが、名物あぶり餅である。竹串に刺した餅を炭火であぶり、白味噌仕立てのたれでいただくあぶり餅は、神社の参道沿いにある風流な茶店で味わえる。御霊会で餅を供えたのが始まりで、それが門前のあぶり餅に受け継がれている。この餅を食べると疫病にかからないという。

今宮神社
京都市北区紫野今宮町21
電話／075-491-0082
交通／市バス46系統で今宮神社前下車すぐ。市バス12、101系統などで船岡山下車、徒歩５分。

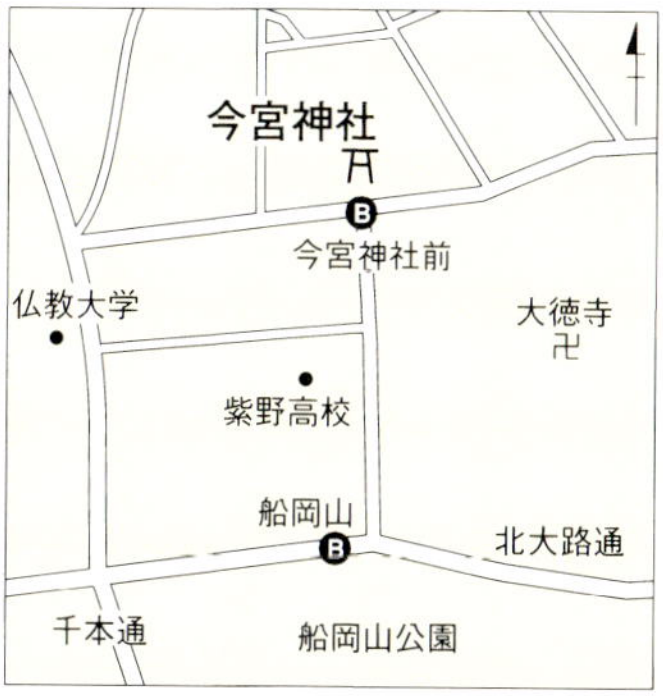

上御霊神社

かみごりょうじんじゃ

無念の死をしいられた八人の御霊

藤原種継《たねつぐ》暗殺事件の首謀者として、淡路へ流される途中、無実を訴え、食を断つことによって抗議し無念のうちに死んでしまった早良《さわら》親王(?—七八五)。光仁天皇への大逆罪で、大和宇智郡(現・奈良県北葛城郡)に幽閉され、悲運のうちに死んだ井上内親王《いのえのないしんのう》(七一七—七七五)、他戸親王《おさべしんのう》(七六一—七七五)親子。そしてその時井上内親王の腹に宿っていた火雷神。新羅商人と反乱を企てたとして八四三年伊豆へ流された文室宮田麿《ふんやのみやたまろ》(生歿年不詳)。承和の変の首謀者の一人として伊豆に流される途中死んだ橘逸勢《たちばなのはやなり》(?—八四二)。幽閉地大和で八〇七年、服毒自殺をした藤原吉子《よしこ》。左遷され不幸な最期を遂げている吉備真備《きびのまきび》(六九三—七七五)。八人の御霊が一堂に会する凄まじい社、つまり上御霊神社は、荒ぶる怨霊を神として祀り、その霊を慰める異界なのである。

御霊の杜《もり》の番人は、角のはえた狛犬《こまいぬ》

毎年、五月十八日には、御霊会《ごりょうえ》のクライマックス還幸祭が盛大に行われる。三基ある御輿《みこし》のうち二基は、日本でも屈指の豪華さで、後陽成天皇(一五七一—一六一七)、後水尾天皇(一五九六—一六八〇)の乗っていた鳳輦《ほうれん》を改造し、そのまま使われている。上御霊神社は京都御所の真北に位置し、皇室の産土神《うぶすながみ》であった。祭の行列が今出川御門を通る時、天皇は朔平門《さくへいもん》から拝されたという。

四神を配した華麗な御輿は、氏子地区を練り歩き、樹木の鬱蒼《うっそう》と生い茂る御霊の杜に帰還する。重厚な門前では、角の生えた狛犬が猛々《たけだけ》しい存在感を発揮している。

御霊の仕業? 応仁の乱

平安京を焼き尽くした応仁の乱は、この御霊の杜で勃発した。

文正二年(一四六七)一月十七日の夜半、東軍の畠山政長が当社で陣を敷き、西軍の畠山義就《よしなり》と戦った。政長は神社に火を放ち、わずか一日で自滅したが、これを皮切りに十一年に及ぶ戦いが始まった。人間を戦に駆り立てる何か、目に見えない黒い渦のようなものを感じずにはいられない。これも怨霊の成せる業なのであろうか。

怨霊除けの名物菓子

皇居が東京に移るまで、怨霊の祟りを恐れ、天皇家では皇子が生まれるたびに、当社へ参詣する慣わしになっていた。そこで必ず購入されていたのが、鳥居前にある水田玉雲堂の「唐板《からいた》せんべい」である。上御霊名物の唐板菓子を食べると、厄払いや疫病などの祟り除けに効《き》くという。

上御霊神社本殿

鳥居前の水田玉雲堂の「唐板せんべい」は怨霊除けの菓子／写真・山田雅信

上御霊神社
京都市上京区上御霊前通烏丸東入ル
電話／075-441-2260
交通／地下鉄烏丸線鞍馬口駅下車、出口1から徒歩10分。市バス37、特37系統で出雲路橋下車、徒歩10分。

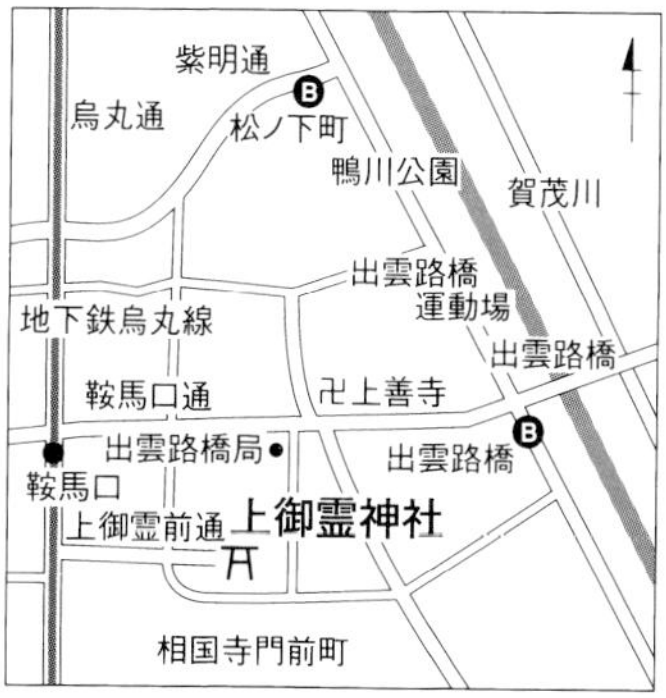

崇《たた》る八人の御霊《ごりょう》を鎮《しず》める（上御霊神社

かみごりょうじんじゃ

拝殿から本殿を眺める

八所御霊《はっしょごりょう》を祀《まつ》る

上御霊神社は、平安京遷都に際し、七九四年桓武天皇（七三七—八〇六）の勅願により創《そう》祀《し》された社である。祭神は桓武天皇の弟である早良親王《さわらしんのう》で、親王の怨霊《おんりょう》による祟りを鎮めるために創建された。その後、御霊信仰の高まりの中で上御霊神社は、生前の怨みを抱えたまま亡くなった人たちを次々に集め祀《まつ》った。

偽《いつわ》りをただす森

糺の森を流れる御手洗川(みたらしがわ)

森の霊が嘘《うそ》を見抜く

糺の森《ただすのもり》

いつはりを糺の森の木綿《ゆう》だすきか
けて誓へよわれを思はば

『平中物語《へいちゅうものがたり》』第三十四段の歌にあるように、「糺」は偽りを「ただす」と地名の「糺の森」を懸詞《かけことば》として使ったり、「神」の縁で「誓ふ」「まかす」「(願を)かく」などの語を詠み込んで、真実を証明することの喩《たと》えとして使われている。

下鴨神社の鳥居(糺の森より)

糺の森《ただすのもり》

大切な人と巡り会える——下鴨神社

糺の森には、京の七不思議の一つ連理《れんり》の賢木《さかき》がある。相生《あいおい》社《しゃ》の横にあるその木は、二本が、一つに結ばれており、縁結びの神様の仕業《しわざ》だといわれている。下鴨神社の祭神である玉依日売《たまよりひめ》は、この森で運命の丹塗《にぬり》の矢を拾ったのである。

『山城国風土記逸文』「賀茂社」には、下鴨神社の謂《い》われが記されている。

高天《たかま》が原《はら》に降り立った八百よろずの神の中に、賀茂建角《かもたけつの》身命《みのみこと》がいた。この命《みこと》は遥か賀茂川を見やって、「石川の瀬見の小川」と名付け、「この川の上流に住みたい」と、北山のふもとに落ち着いた。しばらくすると、命には玉依日子《たまよりひこ》と玉依日売《ひめ》の二人の子どもが生まれた。ある時、玉依日売が瀬見の小川へでかけると、川上から丹塗の矢が流れてきた。その矢を持ち帰り、毎日見ているうちに姫は孕《はら》んでしまい、男の子を生んだ。命が「おまえの父親だと思うものに、この酒を飲ませておやり」と杯を渡すと、その子は天高く舞い上がっていった。父親は火雷命《ほのいかずちのみこと》だったのである。男の子は賀茂別雷命《かもわけいかずちのみこと》と名付けられ、上賀茂神社の祭神となった。

下鴨神社で立秋の前夜に行われる「矢取《やとり》の神事」は、この「丹塗の矢」の物語をふまえているという。

また『発心集』(十三世紀初頭頃成立)に不思議な話がある。ある僧が、糺の森の前の河原を通りがかった時、言い争いをしている三人の童に出くわした。聞けば神の前で読む経の名前について互いに論じていたのである。僧は「どれも間違いだ」と糺したところ、童たちは黙ってしまい、皆去っていった。そしてしばらくして、僧は突然倒れた。夢の中にやんごとなき人が現れて、「三人の童は誰も間違っていない。めでたい経のことを話題にしているので、うれしく聞いていたのに、おまえが出しゃばったために議論をやめてしまった……」と惜しそうに言った。糺そうとした僧が、反対に糺されたのであった。

糺の森（下鴨神社）
京都市左京区下鴨泉川町59（下鴨神社）
電話／075-781-0010（下鴨神社）
交通／市バス1、4、205系統で糺ノ森下車すぐ。

幸神社
さいのかみのやしろ

鬼門ライン上に造営

　幸神社は、平安遷都間もなくの延暦一五年（七九六）に創《そう》祀《し》された古社である。猿田彦神《さるたひこのかみ》を主神に八神を祀《まつ》り、疫病、悪霊を防ぐ道祖神として信仰されている。閑静な境内の東北隅は、角が取られていて、「おせきさん」と呼ばれる神石（陽石）が据えられている。桓武天皇によって鬼門ライン上に造営された当社は、鬼門除け守護神として祀られている。それが証拠に、格子越しに神殿を覗くと、艮《うしとら》のところに猿の神像がある。その姿は、御所の「猿ケ辻《さるがつじ》」の猿と酷似しており、烏帽子《えぼし》をかぶった猿が祓《はら》いの忌串《いぐし》を肩にかかげ、東北の天に向かって雲上飛翔している様子である。都の東北隅に「さいのかみ」を祀ることは、奈良時代からの習わしであった。

悪霊から守ってくれる道祖神

　また当社は、縁結びの神としても霊験あらたかである。祭神である猿田彦大神《おおかみ》と相殿の神である天鈿女命《あめのうずめのみこと》が結ばれ、縁結びの神となっている。猿田彦大神は、天孫降臨の際に、天子を高千穂まで道案内した神。その妻天鈿女命は、天照大神が天の岩戸に籠《こ》もった時に謡い舞い、岩戸《いわと》開きを祈願した神。この二神が天と地を導き結んだのであった。もとは、出雲路《いずもじ》道祖神社と呼ばれ、京都から出雲に続く入口、賀茂川畔にあったという。

　契朽《ちぎりく》ちずば出雲路の、神の誓ひは浅からず、妹背《いもせ》（夫婦）
　の仲はかはらじとこそ守り給うなれ

と『曽我物語』にもあるように、当社で誓った男女の縁《えにし》は、永遠に結ばれるという。神殿に結ばれた絵馬には、恋愛の成就祈願が書かれている。東北隅の神石も、現在では縁結びの石として、持ち上げることが出来れば、恋が成就するという言い伝えもあるとか。

幸神社
京都市上京区寺町通今出川上ル西入ル
電話／075-231-8774
交通／市バス59、201、205系統などで河原町今出川下車、徒歩10分。

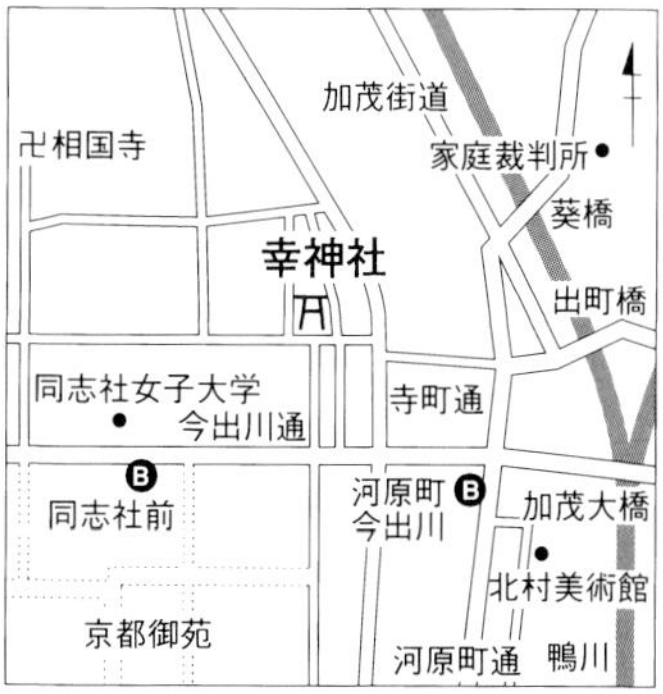

縁結びの神

祈りを込めた猿の絵馬

神社の構え

（幸神社

さいのかみのやしろ

猿神像が守護する

寺町通り今出川を北に上った一筋目に、「西半丁」と刻まれた幸神社の道標が建っている。その通り行くと、民家のあいだに小さな神社があり、鳥居の奥の碑には、「王城鬼門除出雲路幸神社」とある。

京都御所東北角より一丁北へ上がったところにある幸神社は、（恋の）行く手を遮《さえぎ》る悪霊を追っ払い守ってくれる道祖神でもある。

崇徳《すとく》上皇の怨念《おんねん》を鎮《しず》める

（白峯神宮《しらみねじんぐう》）

左近の桜が咲く頃

配《はい》流《る》地《ち》讃岐《さぬき》で怨霊となる

保元の乱（一一五六年）で敗れた崇徳上皇は出家して讃岐に配流される。侘びしい配所で、崇徳上皇は思った。「もし、この地で息絶えたら、私の魂は鬼と化すかもしれない。罪業《ざいごう》消滅のために五部の大乗経《だいじょうきょう》を写そう」

崇徳上皇は出来上がったお経を都へ送り奉納を願う。しかし、たとえ筆跡であっても、都へ置くことはならないと、突き返される。崇徳上皇は無念の思いを抱き、送り返された経文を鬼神に捧げ都を呪った。上皇は怨念を抱いたまま八年の歳月を過ごし歿した。

白峯神宮は明治の初年に讃岐より上皇の神体を迎えて造営された神社である。

白峯神宮《しらみねじんぐう》

悲劇の天皇

白峯神宮に祀られた崇徳天皇（一一一九―六四）は、鳥羽天皇の第一皇子の位にありながら父帝との不仲により退位させられ、保元の乱で敗北。配流の地讃岐で無念の死を遂げ、怨霊となった天皇である。

平安末期、白河天皇は弱体化した藤原氏を抑えて政治を行い、譲位後は上皇として院政を開始した。永長元年（一〇九六）、娘の死を契機として出家し法皇となる。嘉承二年（一一〇七）、堀河天皇が亡くなると、孫の鳥羽天皇が五歳で即位。法皇はそのまま院政を続ける。崇徳天皇も白河法皇の意向により五歳で即位した。

しかし大治四年（一一二九）、堀河・鳥羽・崇徳と三代の天皇に渡って院政を行ってきた白河法皇が崩御《ほうぎょ》。今度は鳥羽上皇による院政が始まると、崇徳天皇の立場は危うくなってきた。内心では次は自分が院政をと思っていた。ところが父である鳥羽法皇は崇徳天皇を嫌っており、二十三歳の若さで譲位させ、弟の近衛天皇を即位させる。

隠居させられた崇徳上皇は嘆くが、近衛天皇の後、次期皇位継承は自分の子であろう、それまでの辛抱だと思い我慢した。

久寿二年（一一五五）、近衛天皇が崩御。ところが新帝にはもう一人の弟後白河天皇が即位。そして後白河天皇の皇子（後の二条天皇）が立太子したため、わが子への皇位継承の望みは全く絶たれてしまった。夢は破れた。崇徳天皇の絶望感たるやどれほどだっただろう。しかし諦められるものではない。父である鳥羽法皇への憎しみは増すばかりである。

一一五六年、年号が保元と改り、間もなく鳥羽法皇は病気で崩御した。法皇との対立は、そのまま後白河天皇との対立となって深まっていく。ついに二派のもとに、摂関家、平氏、源氏を巻き込み、親子やおじと甥が敵と味方に分かれて戦った。これが保元の乱である。

白峯神宮
京都市上京区今出川通堀川東入ル飛鳥井町261
電話／075-441-3810
交通／市バス9、12、201系統などで堀川今出川下車、徒歩3分。

一条戻橋
いちじょうもどりばし

橋の由来

橋の名の由来は、延喜一八年（九一八）、文章博士《もんじょうはかせ》三善清行が蘇生した故事にもとづく。その息子浄蔵は熊野参詣の途中で父の死去を知る。急ぎ帰京した浄蔵は、この橋で父の葬列にあう。嘆き悲しみ棺に取りすがって神仏に祈ったところ、父は生き返る。そこから戻橋といわれるようになったという。

両岸に魔物退治の人が住む

戻橋の西側に安倍晴明の邸があった（現在の晴明神社）。晴明は、この橋の上で毎晩星を占ったといい、式神《しきがみ》をこの橋の下に隠していたという話も伝わっている。また、橋の東側には、源頼光の邸があった。土蜘蛛や鬼たちが、この地を特別視していたことは、いうまでもない。魔物退治の第一人者が、この橋の両岸に暮らしていたのである。

また中世になると、この橋の付近は罪人のさらし場でもあった。刑場への引き回しルートのひとつで、来世は真人間になるようにとの願いが込められていたという。天正一九年（一五九一）、秀吉は大徳寺山門にあった千利休の木像をここではりつけにし、三日後にはその首をさらすよう命じている。

ながい歴史のなかで、都人が無視できない俗説も多い。花嫁行列や縁談のある者は、現在でもこの橋を避け、渡らないという。一方で、「この橋を渡って旅に出ると無事戻ることができる」と言って出張する商人がいたりする。

木造だった橋も、今ではコンクリートに変わりすっきりと整備されている。しかし昔と変わらないところが一ヶ所ある。若狭川の水面から橋までの距離である。戻橋は、橋から川面までが、異様なほど離れている。それは人間以外のモノが棲《す》むのに、ちょうどよい空間である。

一条戻橋
京都市上京区一条通堀川
交通／市バス9、12、101系統などで一条戻り橋下車すぐ。

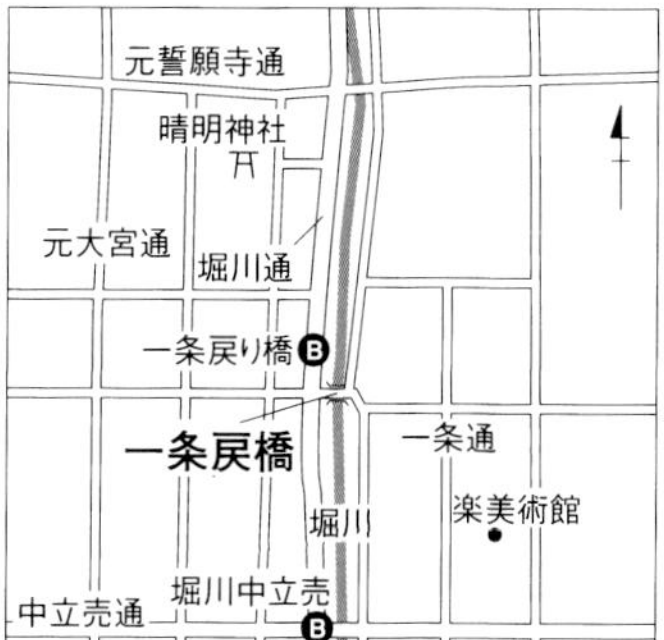

死んだ人が生きかえり、鬼が出た橋（一条戻橋《いちじょうもどりばし》

ゆくはかえるの不思議な橋

東から西へ渡らなければ思いがかなわない

一条通りの東西をつなぐ戻橋は、いわれの多い橋である。

戻橋の名は平安時代の『権記《ごんき》』（『行成卿記』）にすでに見られる。『源氏物語』にもこの橋は登場しており、「ゆくはかえるの橋」と記している。

縁切りのご利《り》益《やく》がある

法雲寺《ほううんじ》

法雲寺の境内にあり、縁切りのご利益がある菊野大明神

法雲寺の本堂

法雲寺《ほううんじ》

男と女の怨念が縁を切る

河原町二条の東北にある法雲寺は、別名「縁切り寺」と呼ばれ人々の信仰を集めている。境内にある菊野大明神《きくのだいみょうじん》に詣《まい》ると縁切りのご利益が受けられるという。ご神体は石で、一説には小野小町に恋した深草少将が、百夜通《ももよがよ》いをした際に腰掛けていた石だと伝わる。小町への想いを遂げられずに他界した少将の怨念《おんねん》が籠《こ》もっているという。また、宇治の橋《はし》姫《ひめ》が腰掛けた石だという話も残っている。かつてこの石は、三条東洞院《ひがしのとういん》にあったことから、宇治から貴船の丑《うし》の刻詣《こくまい》りに参る途中、橋姫が腰を下ろし休んだというのである。どちらにしても恨《うら》みつらみがしみ込んでいる石である。祠《ほこら》のまわりには、縁切り祈願の絵馬と、無事に縁が切れたお礼の札がぎっしり並んでいる。

炎の中から自力で脱出した豊川稲荷大明神《とよかわいなりだいみょうじん》

縁切りの菊野大明神の隣には、豊川大明神が祀《まつ》られている。厄除けの霊験があり、実際数年前火災に遭《あ》い、祠が燃えたがご神体は無傷であったという。まるで自力で難から免《まぬか》れたようで火の粉を被ることも、水に濡れることもなく無事であった。

法雲寺の参詣人は、菊野大明神に縁切りを祈願し、次いで二度と悪縁に苦しまされないよう豊川稲荷大明神に詣《もう》でるのである。

法雲寺（菊野大明神）
京都市中京区河原町二条上ル
電話／075-241-2331
交通／地下鉄東西線京都市役所前駅下車、出口16から徒歩10分。市バス17、32、59系統などで京都市役所前下車、徒歩３分。

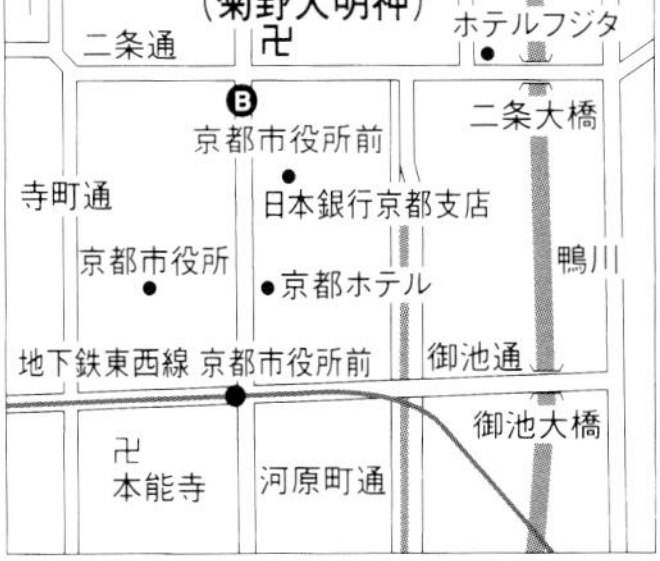

下御霊神社
しもごりょうじんじゃ

呪いの系譜と御霊《ごりよう》信仰

強い呪力《じゆりよく》をもつ怨霊は、御霊の杜《もり》に神として祀《まつ》られ、人々に畏怖《いふ》され霊を鎮《しず》められた。異母弟である早良親王《さわらしんのう》（？—七八五）の祟《たた》りに苦しめられ、上御霊神社を造営した桓武天皇（七三七—八〇六）であったが、桓武帝の死後、その息子平城《へいぜい》天皇（七七四—八二四）にも同じ悲劇が降りかかった。

平城天皇の異母弟である伊予《いよ》親王（？—八〇七）と、その母藤原吉子《よしこ》は、謀反《むほん》を起こしたと罪を着せられ、政権争いから脱落した上に、大和の川原寺に幽閉される。そこで母子は毒をあおり、大同二年（八〇七）無惨な死を遂げ、怨霊となったのである。

祟りに遭《あ》った平城天皇は、伊予親王母子の霊をなだめるために、承和六年（八三九）新たに御霊神社を創建した。（上《かみ》）御霊《ごりよう》神社のすぐ南にあったことから、下御霊神社と呼ばれるようになった。祭神は、伊予親王母子のほかに、早良親王、吉備真備、藤原広嗣《ひろつぐ》、橘逸勢、文室宮田麿、火雷天神の八所御霊（上御霊神社　36頁参照）である。

長年の風雨にさらされて生じた、築地塀《ついじべい》のゆがみや神殿の重厚感が、なるほど御霊が集まるという風情で、感慨深い。静かな境内には、湧き水の音がかすかに響いている。参拝者は、この水で身心を浄《きよ》める。汚れを祓《はら》う重要な霊水なのである。

下御霊神社
京都市中京区寺町通丸太町下ル下御霊前町
電話／075-231-3530
交通／市バス17、59、202系統などで河原町丸太町下車、徒歩６分。

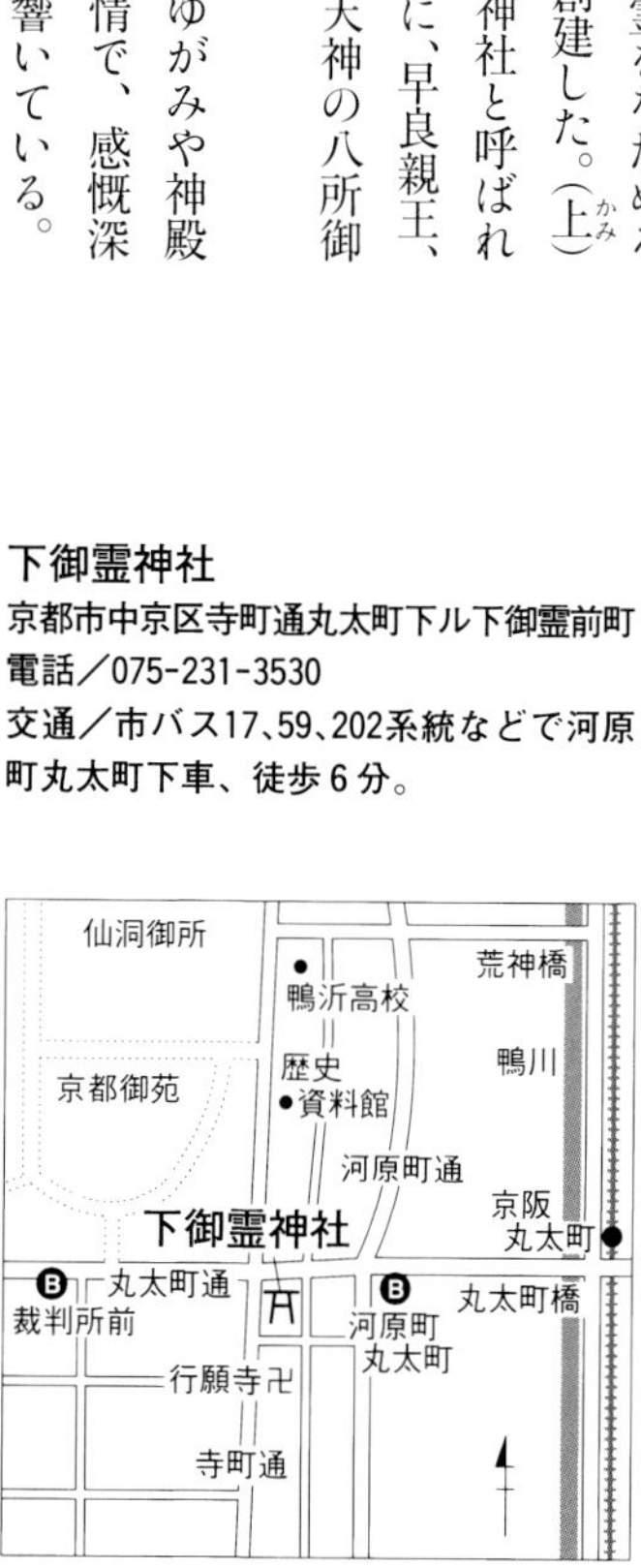

上から、拝殿、社務所前の梅花

重なる悲劇の怨霊《おんりょう》鎮《しず》め

（下御霊神社《しもごりょうじんじゃ》

怨《おん》霊《りょう》を断《た》つ

―京都御所《きょうとごしょ》

上から、御所の鬼門を守る東北に設けられた猿ケ辻とそのたたずまい

京都御所《きょうとごしょ》

鬼門猿《さる》ケ《が》辻《つじ》を守護する猿神像

　今出川御門から入り、まっすぐ南へ行くと、御所の築地塀《ついじべい》に突き当たる。その塀に沿ってやや東へ歩むと東北の角で、築地塀が内側に折れ曲がっている。その屋根裏を望むと、烏《え》帽子《ぼし》をかぶり、御幣《ごへい》をかついだ木像の猿が一匹いる。この辺りを「猿ケ辻」というのは、この猿がいるためであるが、一体何のためであろうか。東北の角にいるというところから、鬼門を守るためのものであろうが、なぜ猿なのか。猿は「鬼が去る」に通じるからだとか、桃太郎の鬼退治で、猿、犬、雉が大活躍したことと関係があるとか、いろいろと噂は尽きない。

　また金網が張ってあるのは、保存のためではない。この猿は、御所の鬼門を守るため、日吉山王神社から使わされたものであるが、夜になると逃げ出して通行人に悪さをしたらしい。そこで、金網を張って閉じこめたという。

宴《えん》の松原でバラバラ死体

　王朝時代の御所は、現在のそれと位置が大きく違うが、多くの怪異譚《かいいたん》が存在する。特に仁和三年（八八七）八月十七日に宴の松原で起きた事件は有名である。一人の女性が、体をバラバラにされたあげく、頭だけもぎ取られてしまったという、ゾッとする事件である。

　御所の中に、意図的に霊の棲《す》む場所をつくったのが、宴の松原だともいわれるが、定かではない。謎の異界である。

京都御所（宮内庁京都事務所参観係）
京都市上京区京都御苑
電話／075-211-1215
交通／地下鉄烏丸線丸太町駅下車、出口からすぐ。市バス10、51、202系統などで烏丸丸太町下車すぐ。

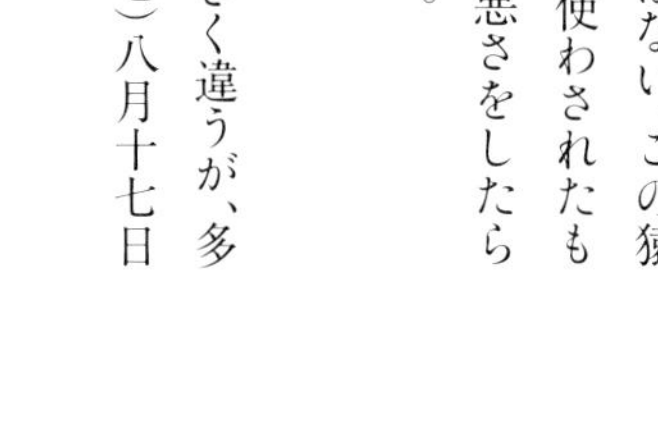

洛東

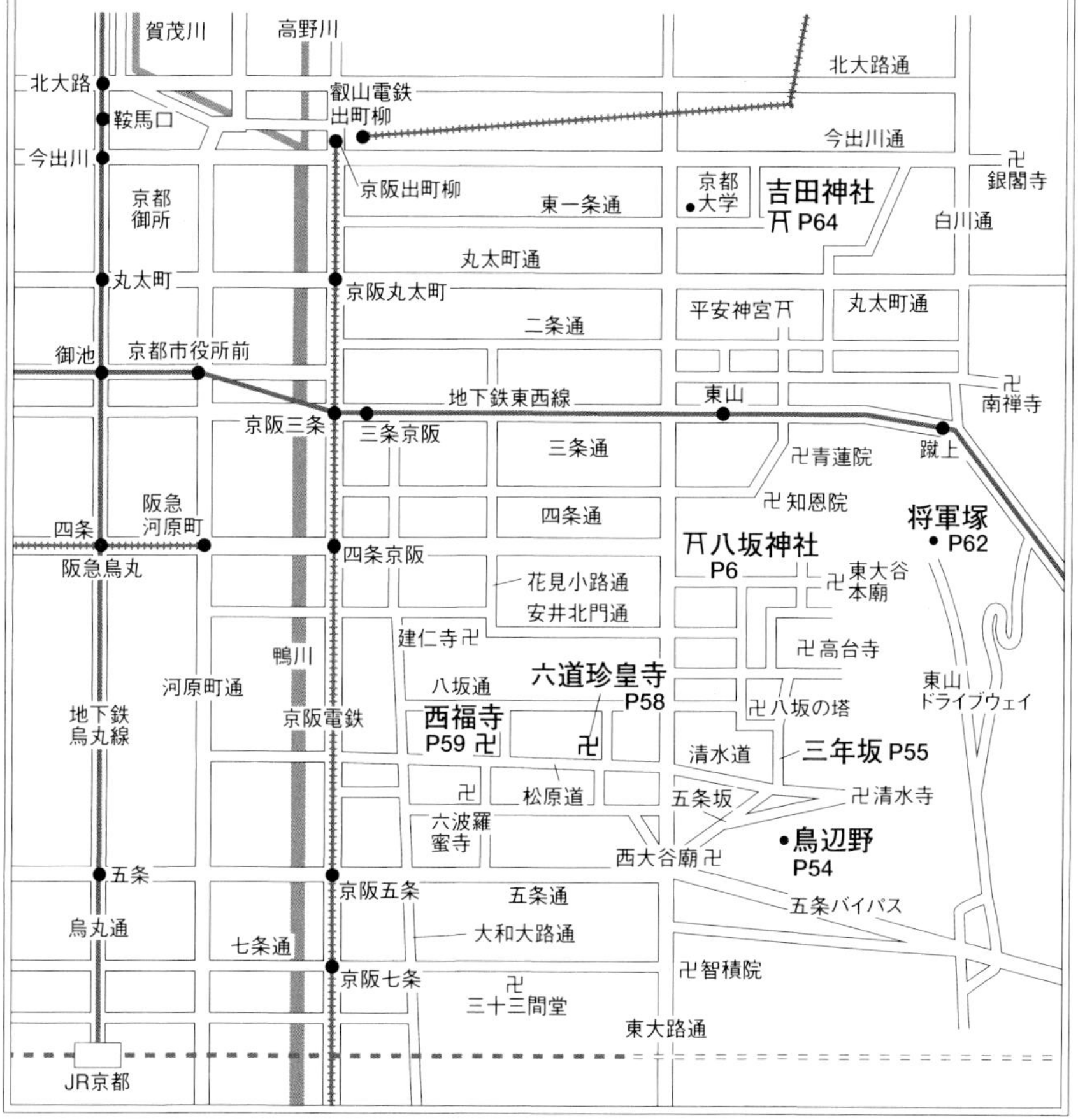
賀茂川
高野川
北大路通
北大路
叡山電鉄
出町柳
鞍馬口
今出川通
今出川
京阪出町柳
京都
御所
東一条通
京都
大学
吉田神社
P64
銀閣寺
白川通
丸太町通
丸太町
京阪丸太町
平安神宮
丸太町通
二条通
御池
京都市役所前
地下鉄東西線
東山
南禅寺
京阪三条
三条京阪
三条通
蹴上
青蓮院
知恩院
阪急
河原町
四条
四条通
将軍塚
P62
八坂神社
P6
四条京阪
阪急烏丸
花見小路通
東大谷
本廟
安井北門通
建仁寺
鴨川
高台寺
八坂通
六道珍皇寺
P58
河原町通
東山
ドライブウェイ
八坂の塔
地下鉄
烏丸線
京阪電鉄
西福寺
P59
清水道
三年坂 P55
松原道
五条坂
清水寺
六波羅
蜜寺
鳥辺野
P54
西大谷廟
五条
京阪五条
五条通
五条バイパス
烏丸通
大和大路通
七条通
智積院
京阪七条
三十三間堂
東大路通
JR京都

屍《しかばね》が野ざらしにされていた

（鳥辺野《とりべの》

京都の代表的な葬送地。後方は東山

京の葬送地

「鳥辺野、船岡、さらぬ野山にも、送る数多かる日はあれど、送らぬ日はなし」兼好法師が『徒然草』百三十七段で、野辺《のべ》送りしない（人の死なない）日はないと記しているとおり、鳥辺野の峰にはいつも煙がたなびいていた。

鳥辺野は、東山三十六峰の一つ阿弥陀ヶ峰の南麓にあった京の葬送地で行基《ぎょうき》（六六八―七四九）が開いたと伝わっている。山麓に阿弥陀堂があったことから阿弥陀ヶ峰と呼ばれる。慶長四年（一五九九）山頂に豊臣秀吉の墓所が建立されてからは、清水寺の南、大谷本廟《ほんびょう》の背後に鳥辺野は移っている。

転ぶと三年以内に死ぬ!?

（清水の三年坂《きよみずのさんねんざか》）

清水寺へお参りする時は、三年坂で決して転ばぬように
バス停、東山安井から歩いて二年坂・三年坂を通り清水寺にお参りする道は魅力的なコース

鳥辺野《とりべの》

日暮れと共に訪れる鳥辺野の幽霊

現在は清水寺の参詣者で賑わう鳥辺野界隈《かいわい》であるが、その昔、当地はあの世への入口であり、人が容易に近づける場所ではなかった。

六道珍皇寺《ろくどうちんこうじ》から、東大路へ向けて坂道を上がると、一軒の飴屋《あめや》がある。ある日の夕暮れ、主人が店じまいしようとすると若い女が飴を買いに来た。以来、女は毎晩飴を買いに来るようになり、その様子が尋常じゃないと見た主人は、女の後をつける。すると女は荒涼とした鳥辺野の墓所に消えたのである。主人が住職と共に最近埋葬された女の墓を掘り起こすと、墓のなかに生きた赤ん坊の姿があった。その脇には、女が買い求めた飴があり、幽霊となった母親が赤ん坊を育てていたのであった。この幽霊の子育て飴は、今も六道の辻で商われている。

鳥辺野の南に棲《す》む美女は……

また、泉涌寺《せんにゅうじ》と東福寺のあいだに、羅刹谷《らせつだに》という渓谷がある。ここに人肉を食べる悪鬼が出たのである。ある時、比叡山の恵心僧都《えしんそうず》（九四二―一〇一七）が通りがかり美女と出会った。美女の姿をした鬼は、僧都を谷の奥へ誘惑したのである。しかしその色香に惑わされない僧都は、無事生還したという。

今は民家が建ち並んでいる界隈であるが、夜になると一《ひと》際《きわ》闇が濃く思えるのは気のせいだろうか。

鳥辺野
京都市東山区清閑寺下山
交通／市バス100、206系統などで五条坂下車、徒歩20分。

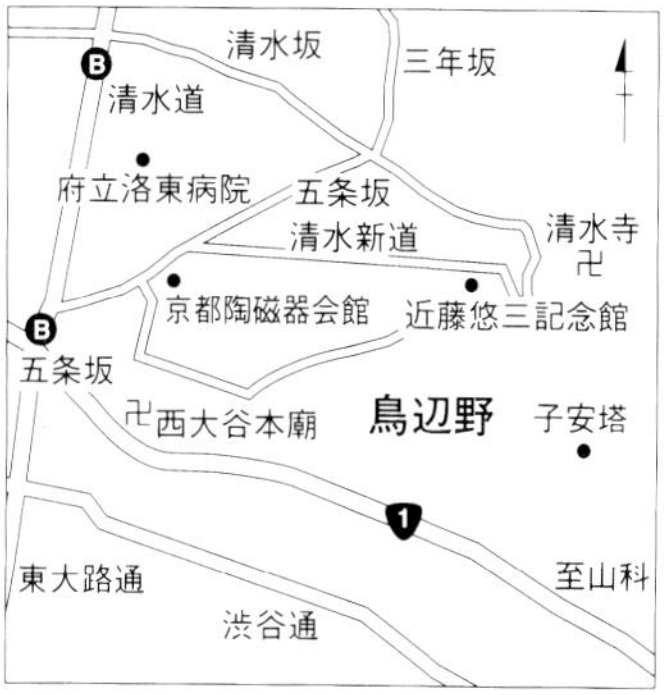

清水の三年坂

きよみずのさんねんざか

三年坂で転んだ時は――

清水寺へ続く三年坂は、距離にして百メートル余り、かなり急勾配の石段でできている古道である。坂を上りつめると清水坂《きよみずざか》と合流し、清水寺の門前へとつながっている。この坂は大同三年（八〇八）の清水寺創建時に築かれた道なので「三年坂」と名付けられたという。古来、この坂でつまずいて倒れると三年以内に死ぬという噂があり、人々から恐れられた。それゆえ「産寧坂」と改めたといわれる。

土産物屋でよく見かける、小指の先ほどの小さな瓢箪キーホルダー。昔は三年坂にある店で作られており、坂を通る時の大切なお守りであった。万が一、三年坂で転んだ時、飛び出した魂が壊《こわ》れないように、瓢箪に吸い込んでもらい、事なきを得るという役割を担っていたのである。

清水参詣の尊《とうと》さ

その昔、清水参道脇には、経書堂、姥堂など諸堂が立ち並んでいたようである。三途《さんず》の川で亡者《もうじゃ》の衣類を剝《は》ぎ取っていた奪衣婆《だつえば》像が安置されていた姥堂、参詣者が一字一石の経文を奉納し、それに水を注いで死者の霊を弔《とむら》った経堂、どれも葬送地鳥辺野《とりべの》に近い御堂であることを匂わせている。

近世までこの辺りは淋しい竹藪であった。時の帝を悩ます妖怪を平清盛が退治し、埋めたという毛朱一竹塚《もうしゆいっちくづか》や都人を震撼させた鵺《ぬえ》もこの地に葬られているという。よほどの覚悟がなくては通れない道だったのではなかろうか。だからこそ、清水参詣はなおのこと尊いものだった。

三年坂
京都市東山区清水
交通／市バス202、206、207系統などで清水道下車、徒歩15分。

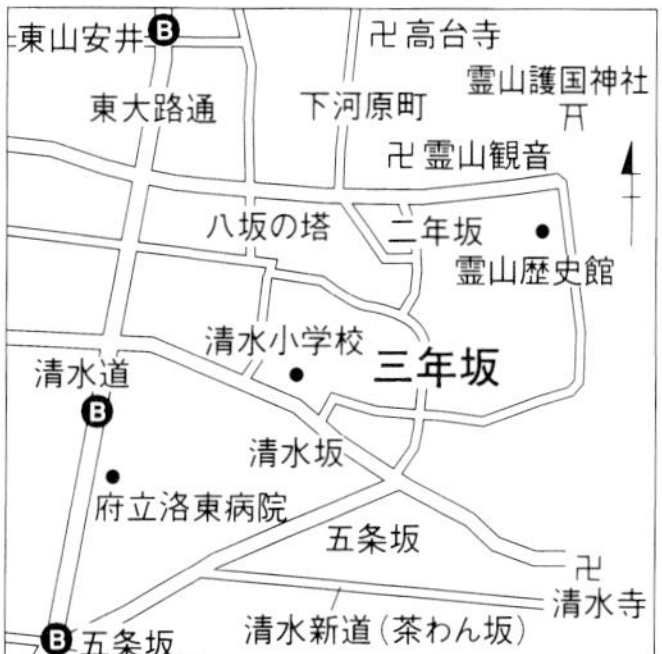

あの世への入口は六道《ろくどう》さんの井戸

（

六道珍皇寺《ろくどうちんこうじ》

あの世に音が伝わるという迎え鐘

冥《めい》土《ど》への玄関口

鳥辺山《とりべやま》の麓、冥土への入り口といわれる珍皇寺は、京の人々から「六道さん」と呼ばれ、お盆の頃になると精霊迎《しょうりょうむか》えに参詣する人々で境内は溢れる。当地は、あの世への玄関口であり、一年に一度、精霊が帰ってくる霊域なのである。

本堂前の石塔

死者を送る六道《ろくどう》の辻
（西福寺《さいふくじ》

門前の六道の辻

本堂内

六道珍皇寺

ろくどうちんこうじ

謎の多い人・小野篁《おののたかむら》

当寺は、慶俊僧都《けいしゅんそうず》を開基とし、施主は閻魔《えんま》の庁の冥官といわれた謎多き人物小野篁で、珍皇寺の堂塔伽藍を整備したのも篁と伝わっている。境内東側には、閻魔堂があり小野篁と閻魔大王の木像が安置されており、その左右に善童子と悪童子が配されている。憤怒《ふんぬ》の表情がリアルな閻魔大王像は、篁の作ともいわれている。誰も会ったことがない閻魔大王を、なぜこれほど克明に現すことが出来たのか、それは篁があの世とこの世を自由自在に行き来していたからだという。その冥界への入り口は、珍皇寺の井戸であった。

お盆には精霊がもどってくる

毎年八月七日から十日頃行われる六道まいりでは、閻魔堂の北側にある鐘楼で「迎え鐘」が撞《つ》かれる。一打ちすれば十万億土に響き渡るというその鐘の音を頼りに、お盆の時精霊がこの世へ帰って来るといわれる。鐘は楼内にあり、その姿は見えない。堂穴からのびる縄を引っ張り、鐘を鳴らすのであるが、一説には、鐘の下にあの世へ通じる穴が開いているからだとも噂されている。

境内の南側には、無数の地蔵菩薩が安置されている。石仏の多くは室町時代のものといわれている。幼な子が迷わず冥土へ行けるようにと、掌を合わす人の祈りは深い。この日、門前では高野槇《こうやまき》が売られ、香華《こうげ》の清々しい匂いに境内は包まれる。小野篁が、井戸の脇に植わっている高野槇の枝をつたい、冥土へ下って行ったといわれることから、亡き人の霊が高野槇に乗って迷わず家に帰れるよう、参詣人は高野槇を求める。

六道珍皇寺
京都市東山区松原通東大路西入ル
電話／075-561-4129
交通／市バス202、206系統などで清水道下車、徒歩３分。

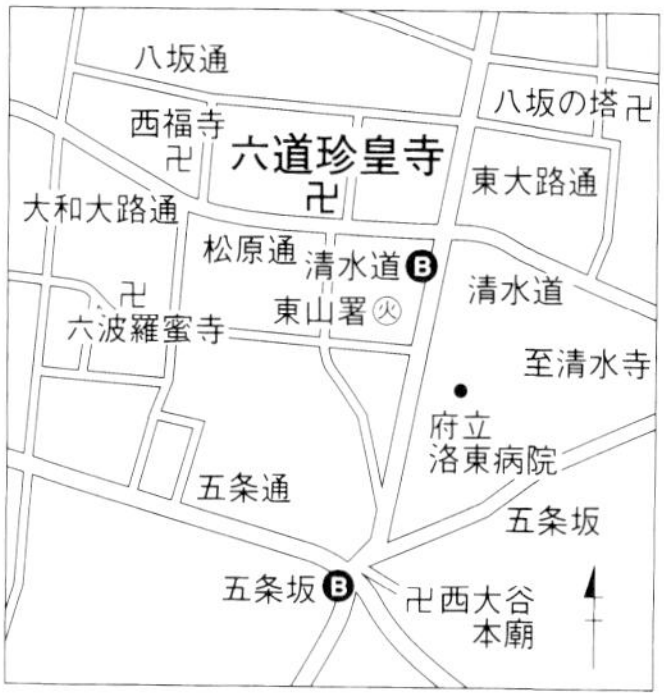

門前の「六道の辻」の碑

西福寺

さいふくじ

子供を救う六波羅《ろくはら》地蔵

六波羅蜜寺《ろくはらみつじ》を北に行った角に、子育て地蔵を祀《まつ》る西福寺がある。当寺は「六道の辻」と呼ばれているこの地に、弘法大師が辻堂を建立したのに始まる。本尊である六波羅地蔵は、弘法大師自作の仏像である。のちに嵯峨天皇の后《きさき》である檀《だん》林皇后《りんこうごう》が、子ども（正良親王）の病気平癒を祈願したことから、子育て地蔵として信仰を集めている。

死者の冥福をひたすら祈る

あの世との境界にあった西福寺には、六道絵が何幅もあり、お盆の六道まいりの時に公開される。なかでも有名な「九想観図《くそうかんず》」は、高貴な美女の死後が九段階に描かれている。原野におかれた死体が腐乱し、やがて白骨化して最後は土にかえる様子をリアルに絵解《えと》きしている。この図のモデルとなっている女性は、檀林皇后といわれており、皇后は風葬にするよう遺言したという。

六道の辻界隈《かいわい》は、轆轤《ろくろ》町という地名であるが、江戸時代まで「髑髏《どくろ》町」と呼ばれていた。その地名の通り、人骨がいたるところに転がっていたという。野辺送りの人々は、この世の最も際にあたるこの辻で、死者の冥福を祈った。

西福寺
京都市東山区松原通大和大路東入ル
電話／075-551-0675
交通／市バス202、206系統などで清水道下車、徒歩6分。

京の町を見守る坂上田村麻呂

（将軍塚

しょうぐんづか

天下の異変を知らす

将軍塚とは、東山三十六峰のひとつ華頂山《かちょうざん》頂上にある古塚のことである。

この塚は古墳のひとつで、征夷大将軍としてその名をとどろかせ、毘沙門天の化身ともいわれる坂上田村麻呂（七五八—八一一）の墳墓といわれる。

桓武天皇（七三七—八〇六）は平安遷都の際、高さ二・四メートルの土人形に鉄の甲冑《かっちゅう》を着せ、弓矢を持たせて西向きに立たせ、平安京の守護神となるよう祈願し、当地に埋めたのである。その桓武天皇の想いが通じたのか、天下に異変が起こるとき、将軍塚は地鳴りし揺れ動き、前兆を知らせたという事例が歴史に残っている。たとえば保元の乱の時、保元元年（一一五六）七月八日東山に彗星があらわれ、将軍塚が鳴動したという。

現在は星空の下、京の美しい夜景を楽しむロマンチックな名所となっているが、それでも展望広場から一歩外れると、辺りは深い闇に包まれる。この塚からじっと京の町を見守ってきた田村麻呂の目線を体感した気になる。

千年前も、西山から愛宕山にかけての稜線は、黒々と闇に横たわっていたに違いない。

将軍塚から京都市街の西方、夕日を見る

将軍塚

京都市東山区円山公園の東方。
交通／市バス12、31、206系統などで知恩院前下車、約1.5km。車では東山ドライブウェイが便利。53頁参照。

鬼を追い払う（吉田神社《よしだじんじゃ》

鳥居と社殿

春日大社の神霊

吉田山の西麓に鎮座する吉田神社は、鬼門を守護する目的で造られた神社である。貞観元年（八五九）に藤原北家《ほっけ》の流れをくむ貴族藤原山陰が、邸内に春日大社から神霊を迎え祀《まつ》ったのが始まりである。

ここは都のなかで、最も危険な方角に位置していた。怪しげな妖気が漂い、貴人がこのあたりを通る時、妖艶な美女がどこからともなく現れ、男を足止めしたという。従って、平安時代より盛んに追儺式《ついなしき》が行われた。二月の節分に盛大に行われる鬼やらいの神事がそれであり、今に伝わっている。

追儺式の日には赤、黄、青の三匹の鬼が出没し、鉄棒を振りかざし参詣人の間を暴れまわるのである。また火が焚《た》かれ、古札や護符を焼き、一年の無病息災が祈願される。

吉田神社

京都市左京区吉田神楽岡（かぐらおか）30
電話／075-771-3788
交通／市バス31、201、206系統などで京大正門前下車、徒歩15分。市バス17、203系統などで京大農学部前下車、徒歩15分。

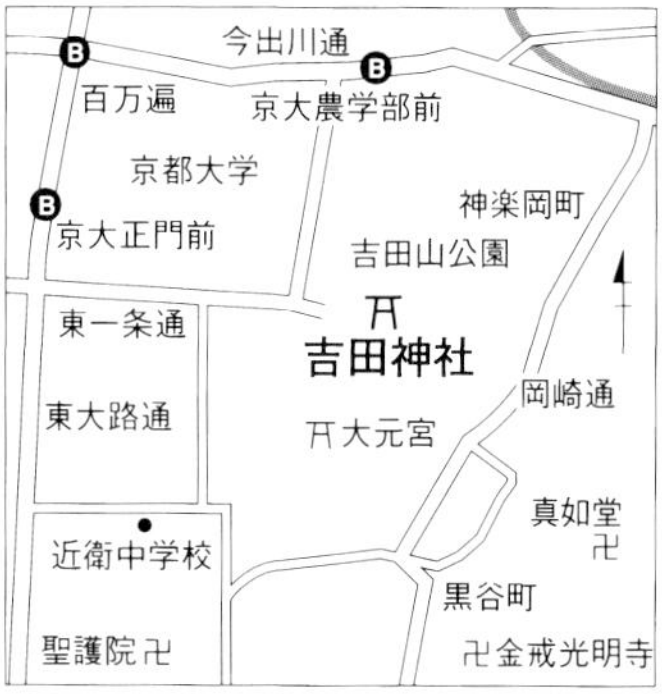

洛西

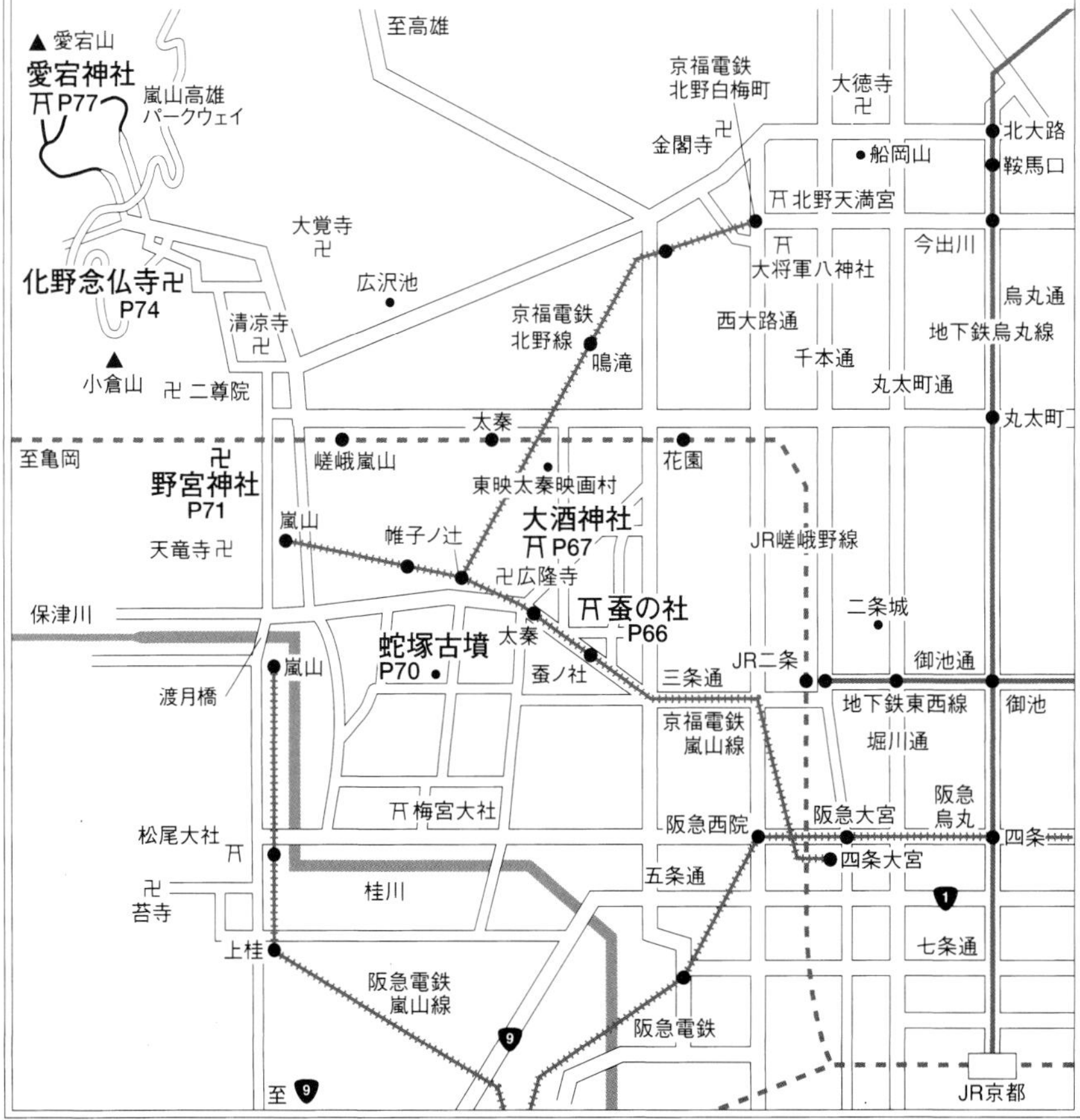
至高雄
愛宕山
愛宕神社
P77
嵐山高雄
パークウェイ
京福電鉄
北野白梅町
大徳寺
金閣寺
北大路
船岡山
鞍馬口
北野天満宮
大覚寺
今出川
大将軍八神社
化野念仏寺
P74
広沢池
烏丸通
京福電鉄
北野線
西大路通
地下鉄烏丸線
清涼寺
千本通
鳴滝
小倉山
二尊院
丸太町通
太秦
丸太町
至亀岡
嵯峨嵐山
花園
野宮神社
P71
東映太秦映画村
嵐山
大酒神社
P67
JR嵯峨野線
帷子ノ辻
天竜寺
広隆寺
保津川
蚕の社
P66
二条城
太秦
蛇塚古墳
P70
JR二条
御池通
嵐山
三条通
蚕ノ社
渡月橋
地下鉄東西線
御池
京福電鉄
嵐山線
堀川通
阪急
梅宮大社
阪急大宮
烏丸
松尾大社
阪急西院
四条
四条大宮
五条通
苔寺
桂川
七条通
上桂
阪急電鉄
嵐山線
阪急電鉄
至
JR京都

神に通じる三つ鳥居

（蚕の社《かいこのやしろ》）

霊力を封じ込める不思議な三つ鳥居

牛祭《うしまつり》の不思議・摩多羅神《まだらしん》

10月10日夜行われる奇祭・牛祭
ただし、祭は牛の都合による

大酒神社本殿

（大酒神社《おおさけじんじゃ》

秦氏《はたし》の氏神《うじがみ》

大酒神社は、秦始皇帝・弓月君《ゆづきのきみ》・秦酒公《はたのさけのきみ》を祭神として本殿に祀っている。

当社は古来よりこのあたりで勢力を持っていた秦氏の氏神であったと思われ、近くにはやはり秦氏が建立した蚕《かいこ》の社《やしろ》があるが、そこが牛祭の世話をしているということである。

蚕の社《かいこのやしろ》

超人的な謎の空間—三つ鳥居

正式には木島坐天照御魂神社《このしまにますあまてるみたまのかみのやしろ》という名の神社で、朝鮮半島からの渡来人である秦氏《はたし》が建立した。境内《けいだい》の摂社《せつしゃ》に養蚕《ようさん》神社があるので、この名前で親しまれているが、本殿の西側に不思議な空間がある。

元糺《もとただす》と呼ばれる池の中に、柱が三本ある珍しい石造りの鳥居が立っている。鳥居を三つ組み合わせて作った三角形の中心に神座《かみくら》が置かれ、三方から拝めるようになっている。

ではなぜ秦氏はこのような鳥居を作ったのであろうか。全く謎の異界である。三角形の中心にある神座がいかにも超人的な霊力を封じ込めてあるような雰囲気を持つ。〝三〟は神に通じる数字。鳥居は神の世界への入口である。そういったことを考えると、ここに湧く水はどんな霊力を持つのだろうか。恐ろしくなる。

古来この社は雨乞いの神としての信仰があったともいわれる。また禊《みそぎ》の行場《ぎょうば》でもあった。さらに夏の土用の丑《うし》の日、境内を流れる池の水に手足を浸すと諸病を免《まぬか》れるという神事も行われている。

蚕の社（木島神社）

京都市右京区太秦（うずまさ）森ケ東町50
電話／075-861-2074
交通／市バス11系統で蚕ノ社下車、徒歩10分。京福電鉄蚕ノ社駅下車、徒歩10分。

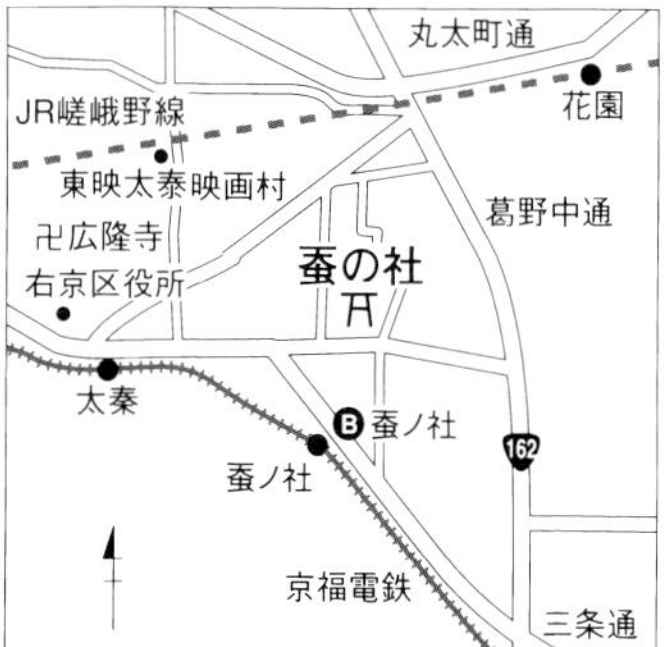

大酒神社《おおさけじんじゃ》

招福除疫《じょえき》の祭神は秦氏《はたし》

大酒神社は広隆寺の伽藍神《がらんしん》。当神社の牛祭は災厄退散を願った祭であるが、変わった趣向が盛り込まれており、京都の三奇祭の一つといわれる。この祭は毎年行われるとは限らない。牛の都合によるのである。

十月十日夜、大きな鐘の音が響いてしばらくすると、二人ずつの赤鬼・青鬼の姿をした四天王を従えて、真っ白な顔に三角形の鼻の仮面をつけた摩多羅神が牛に乗って現れる。少年たちの囃子、高張提灯《たかはりちょうちん》に守られて、一行は一旦北門を出る。再び東門から戻ってきて広隆寺境内を一巡し、神は牛から下りる。役目を果たした牛が退場し、神は祭壇で災厄退散、天下泰平、五穀豊穣を祈る奇妙な祭文を独特の抑揚をつけてゆっくりと読み上げる。これが延々と続く。いつ終わるかわからない感じだ。取り囲む参拝者は励ましの声をかけ、あるいは野次を飛ばす。やっと読経が終わるやいなや、神と四天王は祖師堂に駆け込み、戸が締められる。観衆が、神の仮面を剝《は》ぎ、お守りにしようと殺到するので、神は急いで姿を消す。こうして祭は終わる。

牛祭は中国の道教《どうきょう》による

この祭の起源には種々の伝説がある。広隆寺縁起によれば、仲哀《ちゅうあい》天皇のとき秦始皇帝の子孫の功満王《こうまんおう》（秦氏の祖）が来朝し、道教の信仰を取り入れたものだという。摩多羅神は道教の神なのである。

また、平安初期に慈覚大師円仁《えんにん》が唐から摩多羅神を持ち帰り、叡山、赤山、太秦に祀ったのが始めという説。あるいは恵心僧都源信《えしんそうずげんしん》が夢のお告げにより、延暦寺から勧請《かんじょう》したことを記念して、広隆寺で行われるようになったとも伝えられる。

大酒神社
京都市右京区太秦（うずまさ）
電話／なし
交通／市バス11系統で右京区総合庁舎前下車、徒歩８分。京福電鉄太秦駅下車、徒歩６分。

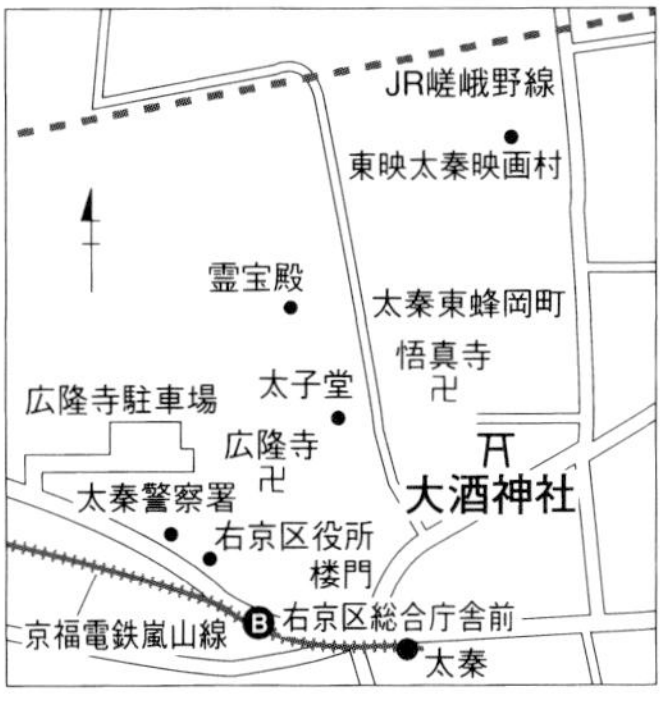

風雨に曝《さら》された京都随一の古墳（蛇塚古墳《へびづかこふん》

飛鳥の石舞台にほぼ匹敵するという大きさの蛇塚古墳（上下写真とも）

縁結びの宮は『源氏物語』の悲恋の舞台（野宮神社

ののみやじんじゃ

雪の嵯峨野道

野宮は『源氏物語』で有名な舞台の一つ

恋愛成就

野宮神社へと続く竹林の小径は、渡る風に揺れる葉ずれの音が耳にやさしい。こぢんまりとした境内を囲う小柴垣《こしばがき》、黒木《くろき》の鳥居が往時を偲ばせる。大黒天の横には、触れると願い事が叶うという縁結びの石があり、今では縁結びの神社として信仰を集めている。若いカップルが、奉納木に願いを書き、賑々しく恋愛成就を祈っている。

蛇塚古墳《へびづかこふん》

無数の蛇の棲処《すみか》となった

豪族の古墳が風雨に曝《さら》されて洞窟になり、たくさんの蛇が棲《す》みついていたところから蛇塚と呼ばれるようになったらしい。想像するだけでゾクゾクッとしてくる。

嵐電《らんでん》(京福電気鉄道嵐山線)の帷子《かたびら》ノ辻《つじ》駅から南へ三、四百メートル行った所にこの塚はある。古墳の周りには金網が張り巡らされているが、巨石を積み重ねた石室が露出しているので不気味さを肌で感じる。塚の全長は十八メートルほどあり、もとは南東を正面とする横穴式の前方後円墳だったが、長い年月を経て表面を覆っていた土がはがされて岩がむき出しになった。古墳は飛鳥の石舞台にほぼ匹敵する大きさだという。七世紀前後の築造といわれ、規模の大きさでは京都随一であるところからも、秦氏《はたし》の首長級のものとみられている。

石室は五、六十トンもある岩を十数個組み合わせて造られており、人間でも二、三十人がらくに入れるという。この中に数え切れない蛇が群をなしていたかと思うと身の毛がよだつ。呪《のろ》われた女が、のたうち回っている様が目に浮かぶようだ。ほかに、ある女賊がここを根城として追いはぎを働いていたという言い伝えもあり、人が近寄らずジメジメとして不気味さだけが漂うこの空間は、異界のものが支配していても不思議はない。

今は新興住宅がすぐそばまで立ち並んでいるが、古代からの時の流れを見続けているこの古墳(塚)に、一体どんなものが映っているのだろう。

蛇塚古墳
京都市右京区太秦(うずまさ)面影町
交通/京福電鉄帷子ノ辻(かたびらのつじ)下車、徒歩10分。市バス11系統で帷子ノ辻下車、徒歩10分。

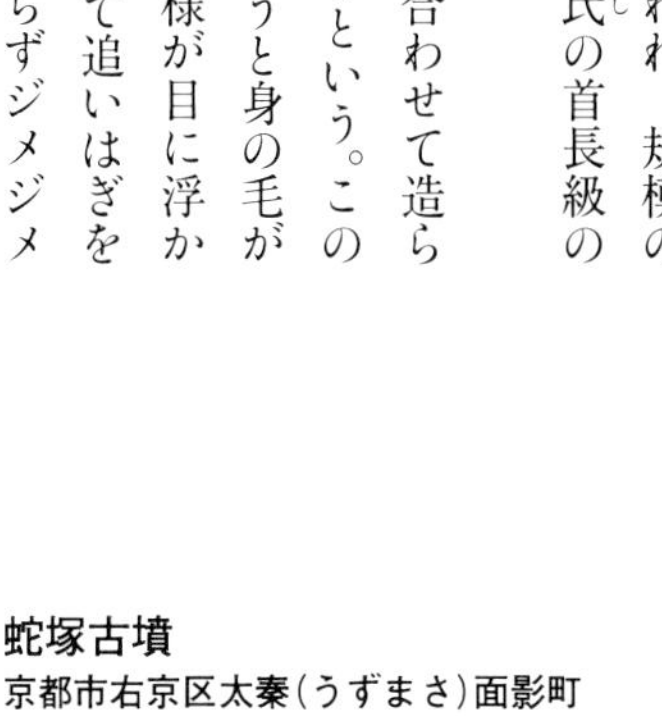

野宮神社

ののみやじんじゃ

恨み心が一人歩き

野宮神社は平安の昔、斎宮《さいぐう》に決まった内親王《ないしんのう》が伊勢神宮へ下向する前、一年間の潔斎《けつさい》をした場所であった。『源氏物語』「賢木《さかき》」の巻はここが舞台となって、光源氏と六条御息所《みやすどころ》との哀切な別れの場面が描かれた。

御息所は、光源氏の正室・葵上《あおいのうえ》の死の原因を自分のせいと捉えていた。自分が生霊《いきりよう》となって葵上に取り憑《つ》いたのだと…。御息所が、生霊となったのには理由があった。光源氏に疎《うと》まれて、訪れが途絶えていたこと、御禊《ごけい》の日の車争いで端に追いやられたことなどが、御息所を苛《さいな》んだ。底知れない物思いは、いつしか恨みとなり、御息所の理性の越えたところで一人歩きしだした。生霊騒ぎのなか、煩悶《はんもん》の末に光源氏と訣別することを決めた御息所は、娘のいる野宮へ移った。斎宮となる娘に付いて伊勢へ行く決意をしたのである。伊勢下向を目前に控えた晩秋の夜、寂しい嵯峨野を分け入って、光源氏が御息所を訪ねる——。

嵯峨野は女の性《さが》を呼び寄せる

言霊《ことだま》によるものか、嵯峨には女の性を呼び寄せる風土がある。御息所の女性ゆえの業は根深く、光源氏が愛する女たちを呪い続け、死んだ後も死霊となって彼女たちを苦しめるのである。

しかし現代では、御息所の火のようなパワーを借り、縁結びのご利益《りやく》に転化しているのである。

野宮神社
京都市右京区嵯峨天龍寺立石 3
電話／075-871-1972
交通／市バス11、28、93系統で野々宮・京都バス72系統などで野の宮下車、徒歩 4 分。京福電鉄嵐山駅下車、徒歩 6 分。JR嵯峨嵐山駅下車、徒歩15分。阪急電鉄嵐山駅下車、徒歩20分。

漂う無常、西の葬送地

化野念仏寺

あだしのねんぶつじ

精霊が宿る静寂空間

無常の象徴とされた京都の西の葬送地

化野とは二尊院から化野念仏寺に至る小倉山東北麓一帯を指す。東の鳥辺野《とりべの》、北の蓮台野《れんだいの》に対する西の化野は平安京の人々の葬送地であった。

吉田兼好は「あだし野の露きゆる時なく鳥部（辺）山のけぶり立ち去らでのみ住み果つる習ひならば、いかに、もののあはれもなからん」（『徒然草』）と書き、鳥辺山の煙と共に世の無常の象徴とされた。西行法師もまた「たれとても留まるべきかはあだしのの草の葉ごとにすがる白露」（『西行法師家集』）と詠んだように、無常漂う静寂な空間と見ている。

8月23～24日の地蔵盆に行われる千灯供養

念仏寺への途中には土産物店が並ぶ

化野念仏寺《あだしのねんぶつじ》

哀しさと美しさが融合

化野念仏寺は、茶店や土産物の店で賑わう参道までの俗空間。それとは対照的な聖なる空間が拝観受付を通り抜けると一瞬にして広がる。おびただしい数の小さな無縁仏の群が、広野を形成している。ここは霊が集まるところである。

この賽《さい》の河原の無縁仏の精霊《しょうりょう》にローソクを灯して供養する千灯供養《せんとうくよう》は、八月二十三・二十四日の地蔵盆に行われる。千数百本もの小さな灯がゆらゆらと揺れるさまは、人魂がなにかを語りかけているようで、哀しさと美しさが融合している。そして我々の魂をも不思議な世界へと誘う。荘厳な雰囲気の中でのゆらめきは情念の炎のようであり、夏の終わりを告げる風物詩となっている。

この無縁仏の群は、今から百年程前に整えられた。江戸時代以降、この地から多くの墓標・石仏と共に壺や土器、古銭などがたくさん出土。化野に散在していた石仏・石塔を集め、明治中頃に釈迦の説法を聞く人々の姿になぞらえて配置されたのである。およそ八千体が肩を寄せ合うように並んで祀《まつ》られている。

化野念仏寺の始まりは、風葬の地が後年は土葬の地となったものの、遺棄《いき》された死体は野ざらしになり、その惨状を見かねた弘法大師が、平安時代初期に如来寺を建立して供養をしたことによる。その後法然が念仏道場に改めてから念仏寺と呼ばれるようになったという。

なおこの全景は空也《くうや》上人《しょうにん》作の地蔵和讃にあるように、嬰《えい》児《じ》がひとつふたつと石を積み上げた河原の様子を思わせることから、賽《さい》の河原といわれている。俗信では三途《さんず》の河原で石を拾って父母供養のために塔を造ろうとするのを鬼が来て壊《こわ》すが、これを地蔵菩薩が来て救う。子供を地獄の鬼から守るために行われる地蔵盆が京都では盛んであるが、化野念仏寺の無縁仏の千灯供養を地蔵盆に行うのは、賽の河原になぞらえているのであろうか。

化野念仏寺
京都市右京区嵯峨鳥居本化野町17
電話／075-861-2221
交通／市バス28、91、92系統で嵯峨釈迦堂前下車、徒歩20分。京都バス62、72、92系統で鳥居本（とりいもと）下車、徒歩５分。

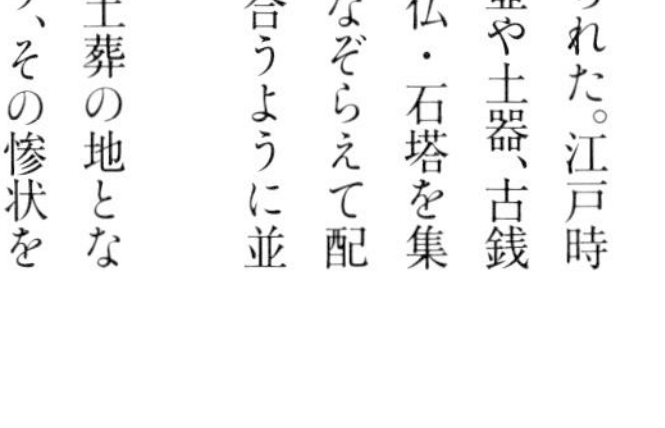

愛宕神社《あたごじんじゃ》

深夜未明に登山参詣する千日詣

京の台所にはよく「阿多古祀符《あたごきふ》　火迺要慎《ひのようじん》」の札が貼られている。都人は、このお札を受けに山へ参詣する。一度行くと千回詣《もう》でたご利益《りやく》があるという千日詣《せんにちもうで》は、毎年七月三十一日の深夜から八月一日の未明にかけて行われる。一の鳥居から約六キロの道のり、かつて人々は松明《たいまつ》を灯し山道を上った。火の神のもとに詣でるのに、松明の炎は確かな道しるべとなる。真夜中の零時に通夜祭が行われ参拝者は、お札と、愛宕の神木である樒《しきみ》の枝を求め、火災除けの祈願をする。

霊の彷徨《さまよ》う愛宕山

京の乾《いぬい》（西北）の方向にある愛宕山は、鬼門の対角線上にあたり要注意地帯であった。山麓には、葬送地化野《あだしの》が広がっており、愛宕山は死者の霊が宿る異界といわれている。

『宇治拾遺物語』に「清徳聖奇特の事《せいとくひじりきどく》」という話がある。

母を亡くした清徳聖が、母の遺体を愛宕山に運び、四方に大石を設《しつら》え、その上に棺をおき、三年もの間、不眠不休で千《せん》手陀羅尼《じゅだらに》を唱《とな》え続けた。聖の思いが通じ、母が成仏したお告げをうけたので、聖は母の骨を埋め卒塔婆《そとうば》を建てて都へ戻った。しかし、長期間愛宕山中に籠もっていたので、聖には多くの死霊が取り憑《つ》いていたというのである。

死者がむかう西方の山として、洛中の人々から畏《おそ》れられている愛宕山、そういえば一条戻橋で、渡辺綱に腕を斬り落とされたあの鬼も、飛び去った先は愛宕山であった……。

愛宕神社
京都市右京区嵯峨愛宕町１
電話／075-861-0658
交通／京都バス62、72系統で清滝下車、山頂愛宕神社まで、表参道をゆくと約6km。

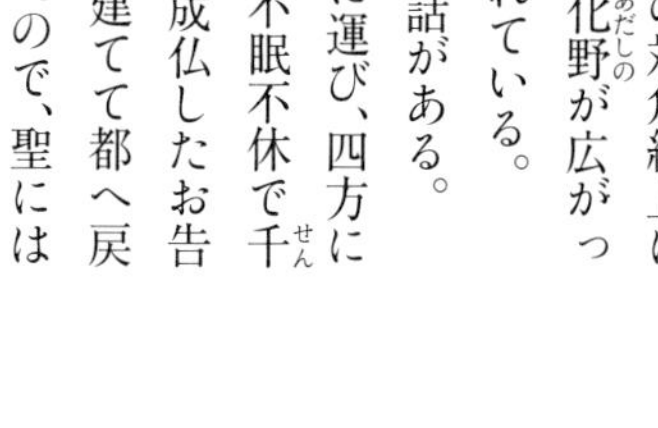

不浄を許さぬ火の神の聖域

（愛宕神社

あたごじんじゃ

聖火を絶やさぬ愛宕社

京都の北西に聳《そび》え立つ霊峰愛宕山は、東の比叡山と対峙《たいじ》するように向き合っている。高さ九二四メートル、古来火の神を祀《まつ》る神山である。清滝道《きよたきみち》、水尾道《みずのおみち》、月輪道《つきのわみち》、高雄道《たかおみち》と方々から山頂へ上れるが、その参道はどれも険しく厳しい。

朝日ノ峰山頂に鎮座する愛宕神社は、本宮に伊弉冉命《いざなみのみこと》、若宮に迦《か》倶槌命《つちのみこと》、奥院に大国主命が祀られている。迦倶槌命が降臨の際、母神である伊弉冉命を焼いたので、仇子《あたご》、熱子《あつこ》ともいわれ、愛宕山は、都

京都の町を北西から見おろす霊山・愛宕山

人から火の神様として畏敬されている。

愛宕山の七不思議（諸説あり）

「1.不浄な人は、参詣できない」 火の神は不浄を嫌うので、古来、不浄な人は入山できない。無理に参詣すると、途中で腹痛が起こり登山できないといわれる。

「2.三歳までの幼児の参拝」 三歳までの幼児を背負い参詣すると、その子どもは一生火難を逃れると言い伝えられている。

「3.試みの坂」 嵯峨鳥居本《とりいもと》から、清滝へ通じている小高い坂のことをいう。愛宕山へ登る前に、この坂を歩き、無事越えることが出来れば山頂の愛宕社まで詣《まい》れるといわれた。

「4.金灯籠《とうろう》の猪」 境内にある猪の彫刻を舐《な》めると、たちまちに足の疲れが癒《いや》されるという。

「5.時雨《しぐれ》桜」 愛宕山中腹にある月輪寺《つきのわでら》に植わる桜。当寺に暮らしていた九条兼実《かねざね》のもとに、親鸞上人が来訪し、自ら植えた桜である。兼実との別れを悲しむ上人の思いを映してか、桜の花は枝葉から涙をこぼしているように咲くという。四月中旬から五月にかけて開花する。

試みの坂。鳥居本から試みの坂を越えてまず清滝へ

愛宕神社《あたごじんじゃ》

鳥居にも猪の彫刻がある

登山道、神社まではあとひと息

愛宕神社、本殿への門

「6.愛宕神社への粽《ちまき》奉納」　愛宕神社は、本能寺の変の前日に明智光秀が参詣し、神のご加護を仰いだ社である。その時、連歌の会を催した光秀は、粽を噛みながら歌を作ったといい、そこから、愛宕神社へ粽を奉納すると歯形がつくといわれている。

「7.空也滝《くうやのたき》の土砂」　空也上人が修行したという滝が、愛宕山中にある。山中のものは草木一本まで神の息がかかったもので、無断で持ち帰るのは憚《はばか》られる。滝壺にたまる土砂を持ち帰ると体調が悪くなるといわれる。

「8.樒《しきみ》のお守り」　一般に神社では榊《さかき》がよく用いられるが、愛宕神社においては、お札と一緒に樒の枝が授与される。樒は愛宕山に成育する樹木で、山の神が宿った枝を、自宅の竈《かまど》の上に挿し火難《かなん》除《よ》けにするのである。

空也滝

お守りの樒

洛北

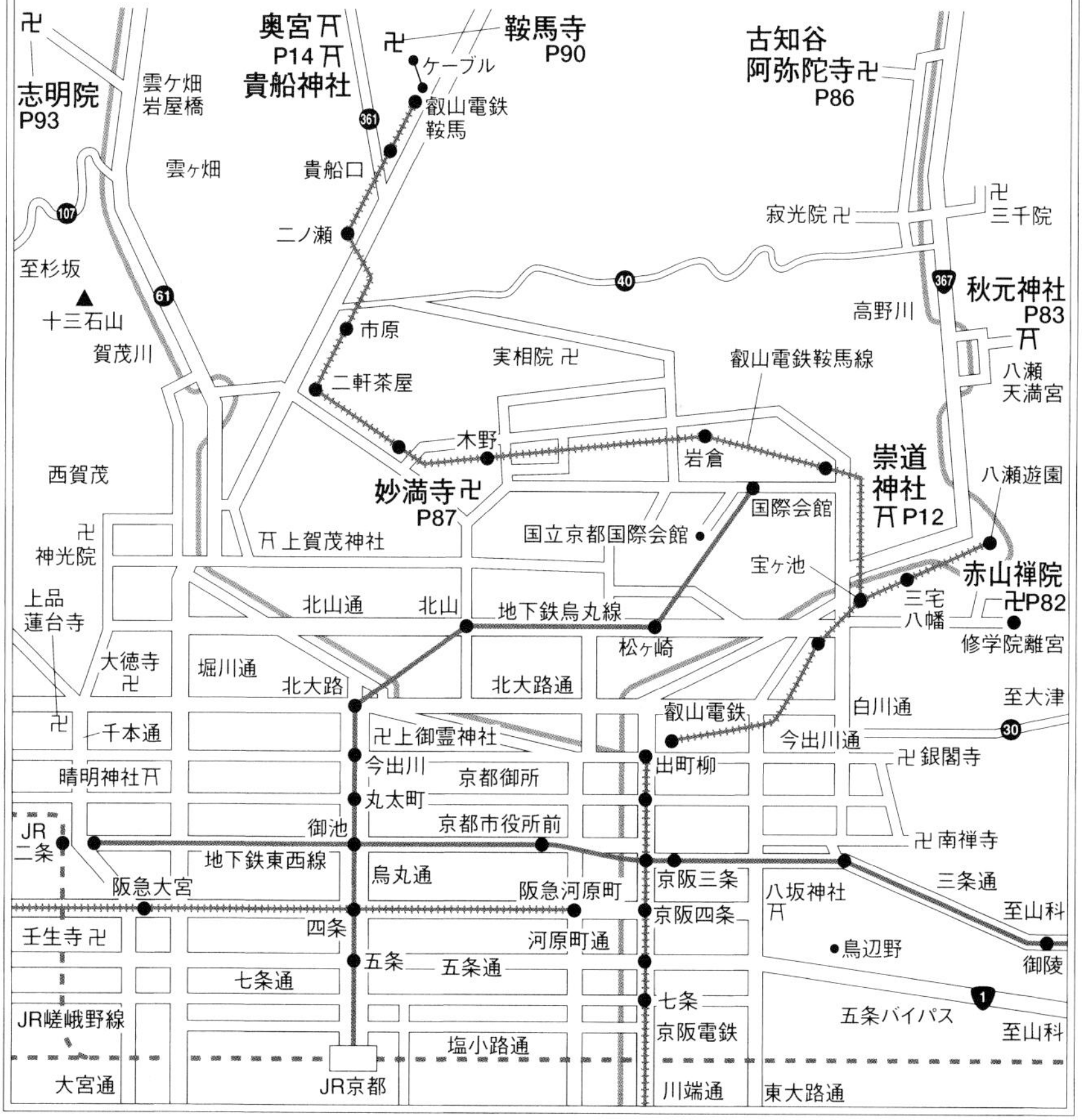

志明院
P93
雲ケ畑
岩屋橋
雲ケ畑
至杉坂
十三石山
賀茂川
奥宮
P14
貴船神社
貴船口
二ノ瀬
鞍馬寺
P90
ケーブル
叡山電鉄
鞍馬
市原
二軒茶屋
木野
妙満寺
P87
実相院
岩倉
古知谷
阿弥陀寺
P86
寂光院
三千院
秋元神社
P83
高野川
八瀬
天満宮
叡山電鉄鞍馬線
崇道
神社
P12
八瀬遊園
赤山禅院
P82
三宅
八幡
修学院離宮
宝ケ池
国際会館
国立京都国際会館
西賀茂
神光院
上賀茂神社
上品
蓮台寺
北山通
北山
地下鉄烏丸線
松ケ崎
大徳寺
堀川通
北大路
北大路通
千本通
上御霊神社
叡山電鉄
白川通
至大津
今出川通
晴明神社
今出川
京都御所
出町柳
銀閣寺
丸太町
JR
二条
御池
京都市役所前
南禅寺
地下鉄東西線
阪急大宮
烏丸通
阪急河原町
京阪三条
三条通
八坂神社
至山科
壬生寺
四条
京阪四条
河原町通
鳥辺野
御陵
五条
五条通
七条通
七条
五条バイパス
JR嵯峨野線
京阪電鉄
至山科
塩小路通
大宮通
JR京都
川端通
東大路通

御所の鬼門を守護

赤山禅院《せきざんぜんいん》

屋根の上で遠《とう》吠《ぼ》える猿

屋根上から御所を守る神猿

拝殿屋根の中央で右手に幣《へい》串《ぐし》、左手に神鈴を持った愛敬のある猿が金網越しに一点を見つめている。当院の守り神の一つ、鬼門封じのシンボルである猿は、王城鎮護の寺とされる比叡山延暦寺の地主神・日吉神社の使いである。おそらく災いを「去る」(猿)ものとして勧請《かんじょう》されたのだろう。この猿は、御所猿ヶ辻の築地屋根にいる猿(51頁参照)と呼応して鳴き交し、御所の鬼門を守っているのである。

命を捨てて村びとを守った秋元但馬守《あきもとたじまのかみ》

秋元神社《あきもとじんじゃ》

八瀬天満宮と秋元神社（右）

気品漂う山里

洛北八瀬は、風光明媚な景色に都の気品が漂う山里である。八瀬の里から東北に寄った比叡山山麓に八瀬天満宮が鎮座し、その境内に秋元神社がある。

新緑の参道

赤山禅院

せきざんぜんいん

陰陽師《おんみょうじ》の祖神泰山府君《たいざんふくん》のご加護《かご》

比叡山の麓にあり、京都の北東鬼門に位置する洛北修学院の赤山禅院。山門の大きな鳥居から爪先上がりに続く坂道の両端からは、見事な楓樹《ふうじゅ》が降りかかる。紅葉の名所としても有名な参道を進み、突き当たった石段を上ると正面に拝殿がある。当院は延暦寺の末社でありながら赤山明神を本尊として祀《まつ》る神仏習合の珍しい寺院である。

伝承によると、慈覚大師は唐で遊学した帰りの承和五年（八三八）、山東半島の赤山に立ち寄って明神に参拝した。帰国のとき船が嵐で転覆しそうになったが、赤衣に、白羽の矢を背負った明神に守られたという。これが赤山明神の泰山府君である。大師は比叡山西麓への勧請《かんじょう》を約束した。大師の遺命で仁和四年（八八八）、弟子の安慧僧都が堂宇を創建。泰山府君を祀って守護神とし、延暦寺の別院とした。

泰山府君は陰陽道《おんみょうどう》の祖神であり、寿命や福禄、魔除け、栄達など万物の運命を司る力の強い神ゆえ、わが国でも古くから厚い信仰を集めている。また、泰山府君は仏教の六道思想と結びついて、閻魔王の書記とも地獄の一王ともいわれる。さらに、同じ冥界の支配者であることから、素戔嗚尊《すさのおのみこと》・大国主命のこととされ、本地垂迹説《すいじゃくせつ》ではこの神の本来の姿は地蔵菩薩であるとされる。

能に登場する泰山府君は、桜の命のはかなさを惜しむ桜町中納言の風雅な心に打たれて、花の命を二十日間も延ばすという粋な計らいに力を発揮している。

赤山禅院
京都市左京区修学院開根坊町18
電話／075-701-5181
交通／市バス5、31系統などで修学院離宮道下車、徒歩15分。

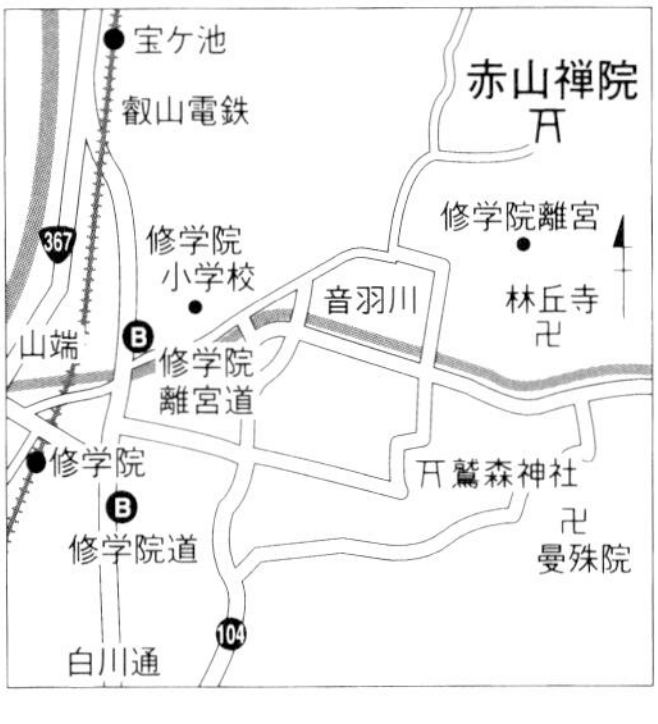

不動堂

秋元神社
あきもとじんじゃ

恩に報いた八瀬童子《やせどうじ》

八瀬童子と呼ばれる八瀬の人々は、延元元年（一三三六）後醍醐天皇の比叡潜幸《せんこう》に弓矢をもって従い、駕輿丁《かよちょう》を無事つとめた功で、永代地租免除の特権を与えられた。駕輿丁とは天皇の輿《こし》や神事の重要な儀式に輿を担《かつ》いで奉仕する人のことである。朝廷に奉仕する代わりに年貢諸役を免じられてきた八瀬童子であったが、宝永四年（一七〇七）、延暦寺が山林の所有権を主張したために八瀬との間に土地争いが生じた。それに対して尽力したのが、時の老中秋元但馬守喬知《たかとも》であった。

但馬守のお陰で、八瀬童子は従来通り年貢諸役が免除されることになったが、間もなく但馬守は死去。一説には八瀬童子の主張を認めたため自刃したともいう。里人はその恩に報いるため八瀬天満宮の中に秋元神社を創建して霊を祀《まつ》ったのである。

一晩中踊り明かす赦免地踊《しゃめんちおど》り

毎年十月十日には、但馬守の遺徳を偲んで赦免地踊りが奉納される。女装した青年八人の灯籠着《とろぎ》が火をともした飾り灯籠を頭上にのせて、少女らと八瀬小学校から当社へ光の行列を作って進む。そのあと境内で哀調を込めた唄をうたって一夜中踊り明かす。花笠に友禅姿の踊子が音頭に合わせて踊る姿は、風流な中に慰霊《いれい》の念が込められた珍しい祭である。

素朴で厳《おごそ》かな八瀬の里

八瀬の里の西側に、標高四五〇メートルの山が聳《そび》えている。そこに鬼ガ洞と呼ばれる奥深い洞窟がある。そこは昔酒呑童子《しゅてんどうじ》が棲《す》んでいたところといい、また、八瀬童子については、閻魔《えんま》王宮から輿《こし》を担いできた鬼の子孫という説もある。ともあれ鬼と縁の深い八瀬は、素朴な厳かさを感じさせる山里である。

秋元神社（八瀬童子会）
京都市左京区八瀬秋元町
電話／075-781-2715（八瀬童子会）
交通／京都バス10系統などでふるさと前下車すぐ。

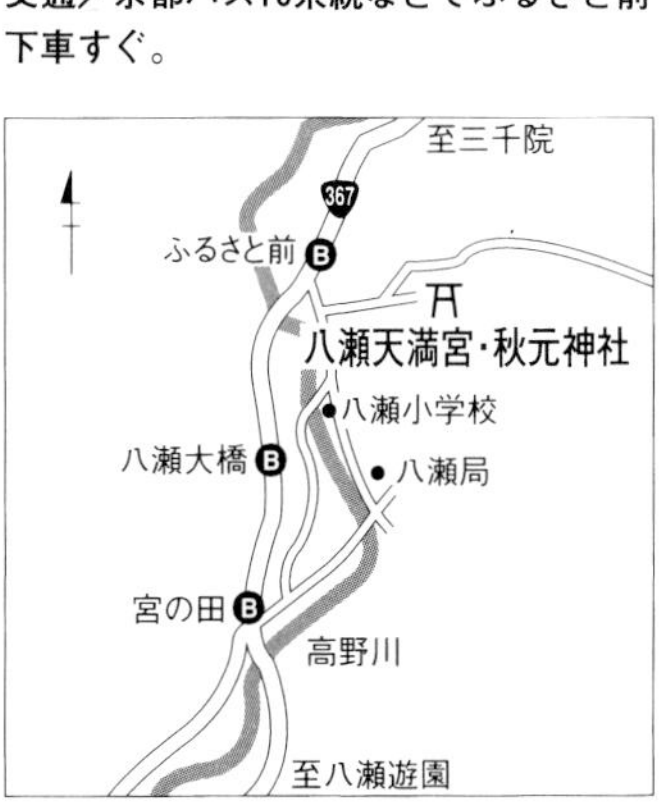

即身仏（ミイラ）になった開山《かいさん》

（古知谷阿弥陀寺《こちだにあみだじ》）

山門雪景色

京にたどり着いた怨念《おんねん》の鐘

（妙満寺《みょうまんじ》）

安珍と清姫の菩提が静かに弔われている

古知谷阿弥陀寺《こちだにあみだじ》

紫雲《しうん》の光明《こうみょう》を見た木食僧《もくじきそう》の弾誓上人《だんせいしょうにん》

阿弥陀寺は、大原から二キロほど北へ若狭《わかさ》街道を行った、焼杉山西麓の人里離れた山中にある。慶長一四年（一六〇九）に、木食僧の弾誓上人によって創建された念仏の修行場である。上人は、五条大橋から、北方の空にたなびく紫雲の光明を見て、この古知谷に一宇の堂を建てたという。

鳥の声しか届かない境内、その本堂には「植髪《しょくはつ》の像」という自作の弾誓像や本尊阿弥陀如来座像が安置されている。上人は、当寺で四年間修行し、慶長十八年（一六一三）六十二歳で示寂《じじゃく》。本堂左手の奥にある石窟に入り即身成仏《そくしんじょうぶつ》をとげたのである。

本堂背後にある開山窟には、上人の即身仏（ミイラ）をおさめた石棺が静かに安置されている。

また、書院の背後に湧き出ている「御杖水《おつえのみず》」は、弾誓上人が鉄杖《てつじょう》でもって掘った泉水である。この清水を服用すると、どんな病苦をも免《まぬか》れるといわれていたが、土砂崩れのため、現在は埋もれてしまっている。

山門までの途中にある十三の滝

古知谷阿弥陀寺
京都市左京区大原古知平町
電話／075-744-2048
交通／北大路バスターミナルから、京都バス13、14系統などで古知谷下車、徒歩20分。

妙満寺
みょうまんじ

恋い焦《こ》がれて蛇身《じゃしん》になった清姫

岩倉にある妙満寺には、不思議な謂《い》われをもつ鐘がある。まるで人目を忍ぶように、堂内の脇にひっそりと安置されている。高さ一メートル余りの小ぶりな鐘で、表面に「紀伊州日高郡矢田庄文武天皇勅願道成寺冶鋳鐘」そして「正平十四年（一三五九）己亥《つちのとい》三月十一日」と刻まれている。この鐘こそ、謡曲「道成寺《どうじょうじ》」で有名な安珍と清姫ゆかりの鐘である。

紀伊の国（和歌山）に暮らす清姫は、熊野参詣へ向かう旅の僧安珍に恋をした。帰路、必ず清姫のもとに立ち寄ると約束したものの、安珍は娘を避け、道成寺の鐘の中へ身を隠した。安珍を想うあまりに恋の亡者《もうじゃ》となった清姫は、蛇となり鐘に巻き付き、焦熱《しょうねつ》で安珍を焼き殺してしまったのであった。

その道成寺の鐘がなぜ、京の寺にたどり着いたのか。

清姫の怨念が宿ったままの鐘は、その後各地をわたった。豊臣秀吉が根来寺《ねごろでら》を攻めた際には、家臣が竹藪から道成寺の鐘を掘り出し、陣中の鐘として用いた。しかし撞《つ》いてみると音色が悪く、災厄が続いたので妙満寺に寄進されたのである。

人を恋するがあまり、憎しみの業火《ごうか》となった清姫。その怨念に取り憑《つ》かれた鐘は、現在長閑《のどか》な人里離れた洛北の地にたどり着いた。そこで安珍と清姫の菩提は静かに弔《とむら》われている。

妙満寺
京都市左京区岩倉幡枝（はたえだ）町
電話／075-791-7171
交通／京都バス20系統で妙満寺下車すぐ。

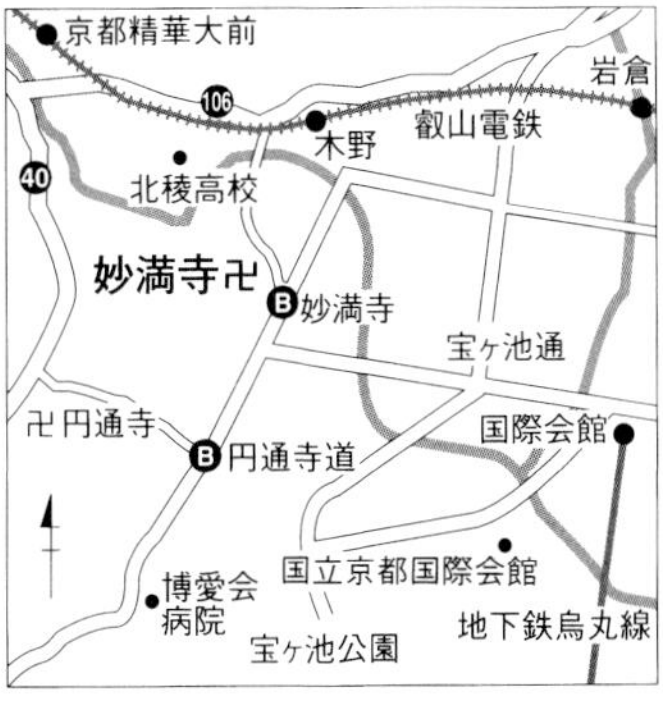

神秘の山・北方守護の寺

山門の桜、奥にケーブル乗り場がある

鞍馬寺《くらまでら》

魔王尊が霊山に降臨《こうりん》

洛北の奥深くにある鞍馬山は、神秘の山と崇《あが》められている。鬱《うっ》蒼《そう》と大杉の繁る山懐《やまふところ》は、季節を問わず冷気が漲《みなぎ》っている。はるか昔、魔王尊（サナート・クマラ）がこの霊山に降臨したと伝わっており、その後、延暦一五年（七九六）に桓武天皇の勅願により平安京の北方守護の寺として鞍馬寺が創建された。

本尊は毘沙門天《びしゃもんてん》で、その姿は左手を額の上にかざし、まさに遠く平安京を見つめ守護している様子である。金堂の正面には、毘沙門天が天から降臨した翔雲《しょううん》臺《たい》があり、現在でもそこから京都市内が一望できる。

上から、山上の本殿金堂、６月20日に行われる竹伐り会

竹伐《たけき》り会《え》の大蛇

毎年六月二十日に金堂前で行われる竹伐り会は、その年の稲作の豊凶を占う行事である。長さ四メートルの青竹を大蛇に見立てて、山刀を持った鞍馬法師が、丹波方と近江方に分かれて伐《き》り競《きそ》い、いち早く本堂に駆け込んだ方に豊作が約束された。

竹伐り会の起こりは、中興開山峯延《ぶえん》上人が、鞍馬山中で修行している時に対《つい》の大蛇に襲われたことによる。雄蛇は切り倒されたが、雌蛇は本尊に供える水を絶やさないことを約束に助けられ、閼伽井《あかい》護法善神《ごほうぜんしん》として、本殿の北東に祀《まつ》られた。鞍馬が清水に恵まれているのは、そのことに由来するといわれる。

鞍馬寺《くらまでら》

羅刹鬼《らせつき》から守ってくれる毘沙門天

夜ともなれば、まったくの闇に包まれる鞍馬山中。昔、一人の僧が鞍馬寺で修行をしていた時、美しい女人姿の人食い鬼が現れた。僧は、女が魔物であることを見抜き、焚《た》き火の中にあった金杖を鬼の胸に当て、ひるんだ隙に逃げ出した。しかし、怒り狂った鬼は僧のあとを追い、大口を開け僧を食べようとした。「われを助けたまえ」と僧が毘沙門天に念じたその時、御堂の朽木が崩れ、鬼はその下敷きとなって死んでしまった。鞍馬の毘沙門天の霊験である。

阿吽《あうん》の寅《とら》が、鞍馬寺を守る

社寺の門前に据えられる狛犬《こまいぬ》の代わりに、鞍馬寺では阿吽の寅が安置されている。鞍馬寺の本尊である毘沙門天が、この地に出現したのが寅《とら》の月の寅の日の寅の刻であったということから、寅は毘沙門天の使いとされている。そこから寅は、鞍馬寺を守護する霊獣となったのである。

天狗が棲《す》む

金堂から奥の院に通じる木の根の参道は、大地に大蛇が這《は》うかのように太い木の根が張り巡らされている。その先の森閑とした山奥に魔王堂がある。その近くにある僧正ガ谷は、源義経が天狗に兵法を習ったというところで、修験者《しゆげんじや》、呪術師《じゆじゆつし》の修行の地でもある。

鞍馬の魔王尊の姿を見た者はいない。ただ一人、室町時代の絵師狩野元信は、奥の院に籠もり、霊示を受けその姿を描いたという。その絵は六十年に一度丙寅《ひのえとら》の年に開帳される。

巨木大杉に抱かれた自然の宝庫鞍馬山は、魔王尊が降臨した霊山であり、魔王堂の下には、地下（宇宙）へ通じる入口があると伝わっている。

鞍馬寺
京都市左京区鞍馬本町1074
電話／075-741-2003
交通／京都バス出町柳から32、36系統などで鞍馬下車、叡山電鉄鞍馬駅下車、山門から本殿まで徒歩30分。山門から多宝塔までケーブルカー有り、要３分。

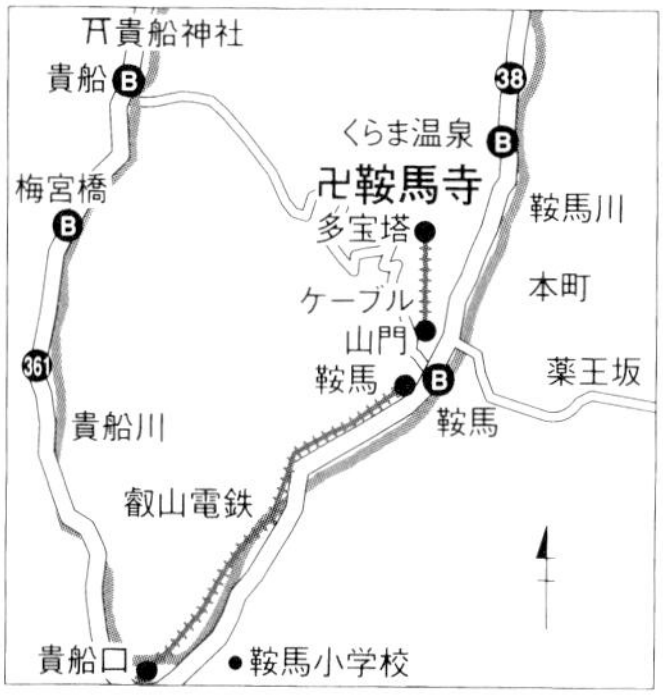

志明院《しみょういん》

竜神が棲《す》む修験道場

志明院は、洛北雲ヶ畑《くもがはた》の北西に聳《そび》える岩屋山の山懐《やまふところ》にある。白雉《はくち》元年（六五〇）修験道の祖である役小角《えんのおづぬ》の創始といい、天長六年（八二九）淳和天皇が弘法大師のために堂宇を建立。鎮護国家の祈祷の場となり、修験道の練行場として栄えた。

懸崖造《けんがいづく》りであった奥院の崖下にある飛竜権現は、弘法大師が入山した時、岩屋山の守護神が出現し、飛竜となって滝壺に入った。そこで弘法大師は岩屋の滝に飛竜権現の霊を祀《まつ》ったといわれ今に伝わる。

滝の後背には険しい岩肌が剝《む》き出ており奇岩怪石がそそり立っている。護摩洞窟《ごまどうくつ》という岩窟がある。ここで弘法大師は護摩を焚《た》いたという。またこの洞窟は、志明院の高僧鳴神《なるかみ》上人《しょうにん》が、宮廷への怨みから、竜神を閉じ込めてしまったところでもある。上人の思惑通り天下は日照りが続き、一滴の雨も降らなくなってしまった。そこで、宮廷は、雲《くも》の絶間姫《たえまひめ》という絶世の美女を岩屋へ派遣し、上人に恋を仕掛ける。姫の美しさに惑い、上人が酒に酔い潰《つぶ》れた隙をみて、姫は岩屋の注連縄《しめなわ》を切って竜神を解き放ち、無事都に雨を降らせた――歌舞伎十八番「鳴神《なるかみ》」で有名な話である。

常にひんやりと湿り気を帯びた山気、このあたりは、なるほど竜神の棲処《すみか》らしい清らかな大気に包まれている。まさに聖なる水の異界である。さらに境内から険しい山道を登り進むと、神降窟という洞窟があり霊泉が湧き出ている。この香水を飲めば諸病に特効ありといわれている。

志明院
京都市北区雲ケ畑出谷町
電話／075-406-2061
交通／京都バス37系統で雲ケ畑岩屋橋下車、徒歩20分。

聖なる水の異界

（志明院）

しみょういん

鳴神上人が竜神を閉じ込めたという
護摩洞窟

しゃくなげが美しい山門

洛南

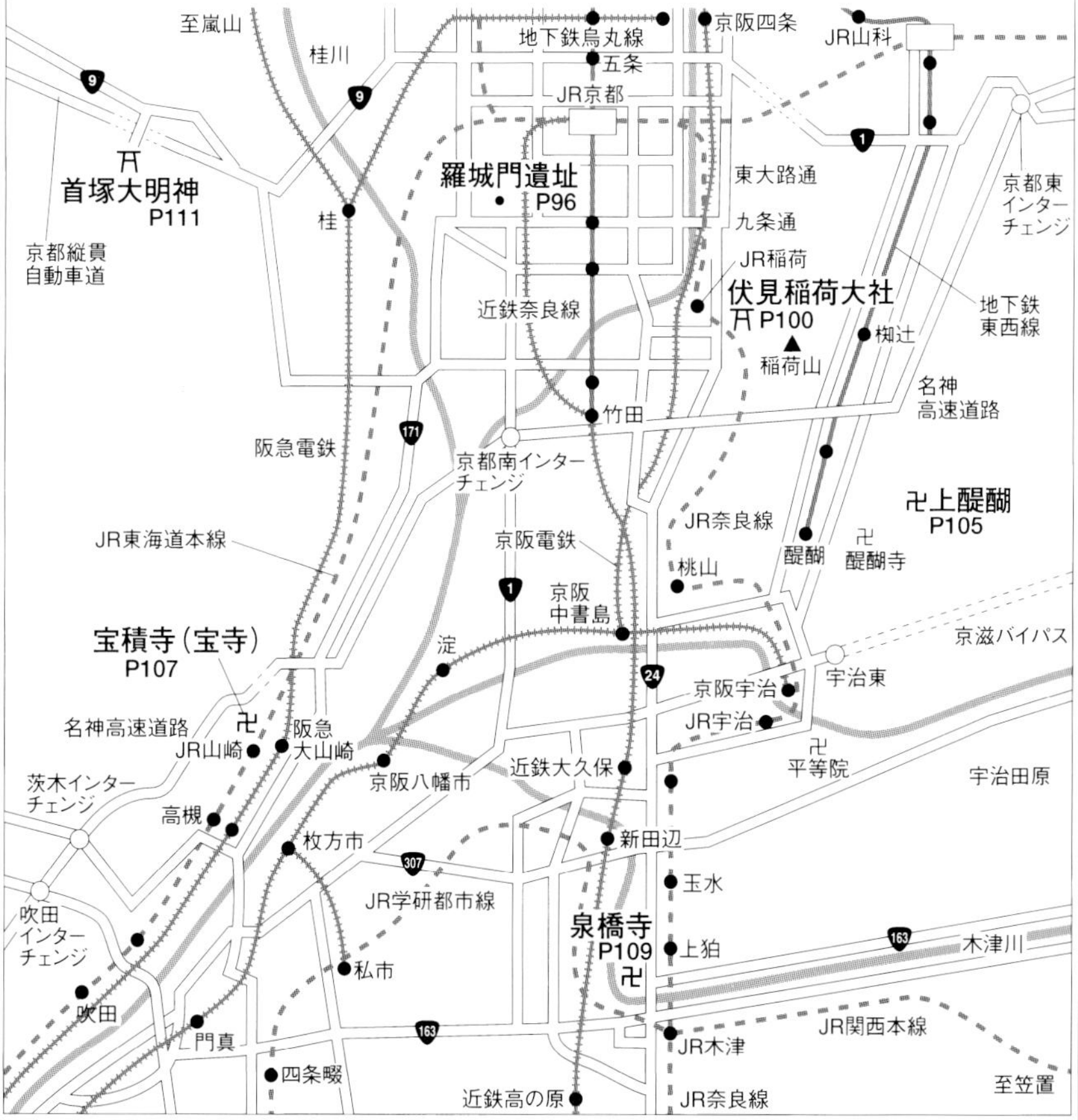

至嵐山
桂川
地下鉄烏丸線
京阪四条
JR山科
五条
JR京都
首塚大明神
P111
羅城門遺址
P96
東大路通
九条通
京都東
インター
チェンジ
桂
京都縦貫
自動車道
JR稲荷
伏見稲荷大社
P100
稲荷山
近鉄奈良線
椥辻
地下鉄
東西線
名神
高速道路
竹田
阪急電鉄
京都南インター
チェンジ
上醍醐
P105
JR奈良線
醍醐寺
醍醐
JR東海道本線
京阪電鉄
桃山
京阪
中書島
宝積寺（宝寺）
P107
淀
京滋バイパス
宇治東
京阪宇治
JR宇治
名神高速道路
阪急
大山崎
JR山崎
平等院
宇治田原
近鉄大久保
京阪八幡市
茨木インター
チェンジ
高槻
新田辺
枚方市
JR学研都市線
玉水
吹田
インター
チェンジ
泉橋寺
P109
上狛
木津川
私市
吹田
門真
JR木津
JR関西本線
四条畷
近鉄高の原
JR奈良線
至笠置

羅城門《らじょうもん》

鬼を退治した渡辺綱《わたなべのつな》

平安時代、この羅城門に鬼が棲《す》むという噂がたった。夜な夜な現れては人を食うので、源頼光《みなもとのよりみつ》（九四八―一〇二一）の家来で四天王の一人である渡辺綱（九五三―一〇二五）が、その真偽を確かめに行った。ところが、鬼のいる様子もないので、来た証拠に札を立てて帰ろうとしたその時、後ろから兜《かぶと》の錣《しころ》を掴《つか》むものがある。綱は、頼光から賜った鬼切の太刀を抜いて斬り払ったところ、鬼の腕がポトリと落ちた。そして鬼の体は雲中へ消え去っていった。綱は残った鬼の腕を持ち帰って、安倍晴明《あべのせいめい》（九二一―一〇〇五）の指示に従い、精進潔斎して籠もっていると、綱の伯母に姿を変えた鬼が斬られた腕を取り返しに来た。綱の応戦に、鬼は天井の煙出しから逃げたが、それでも綱は鬼の首を斬り落としたのであった。伝説「羅城門の鬼」である。

鬼が棲むといわれた羅城門は、弘仁七年（八一六）と天元三年（九八〇）の暴風雨で倒壊。次第に荒廃して盗賊の住処《すみか》となっていった。『今昔物語集』には、羅城門の楼上で、死体の髪を抜く老婆を盗人が見ていた話があり、これを脚色した芥川龍之介の小説や、羅城門を舞台とした黒沢明監督の映画「羅生門」はよく知られている。

羅城門は、朽ち果てたまま再建されることがなかった。現在は、東寺から九条通りを西へ三〇〇メートルほど行った右手の唐橋《からはし》児童公園内に、羅城門遺址の石碑が建っている。ただ、羅城門の楼上に安置されていた兜跋《とばつ》毘沙門天《びしゃもんてん》像は、今も東寺にあり、憤怒の形相《ぎょうそう》をたたえ、魔物から守護してくれている。

羅城門遺址
京都市南区千本通九条上ル
交通／市バス17、202、208系統などで羅城門下車すぐ。

羅城門遺址

平安京の表玄関

（羅城門《らじょうもん》

洛中と洛外の境界

桓武天皇が造営した平安京のメインストリートである朱雀大路。その南端に位置する正門を羅城門といった。羅城とは、都城にめぐらせた外郭のことで、京域空間と洛外の境界を意味している。門の大きさは、間口（東西）三五メートル、奥行き（南北）七メートルの二重楼門で、二階には仏像が安置されていた。羅城門の両側には東寺と西寺が建てられ、門の左右を守護していた。

羅城門復元模型　制作・京都市(『よみがえる平安京』淡交社刊より)／写真・横山健蔵

伏見稲荷大社《ふしみいなりたいしゃ》

名刀「小狐丸」の誕生を助けた稲荷明神

正月には、五穀豊穣、商売繁盛を祈願して、初詣客で賑わう神社であるが、意外なことに当社は鍛冶《かじ》屋職人の信仰地でもある。それは祇園祭の長刀鉾《なぎなたぼこ》で有名な名刀匠、三条小鍛《こか》冶《じ》宗近《むねちか》が、稲荷明神に助けられた故事によっている。

一条天皇(九八〇―一〇一一)の勅命により、刀を献上することになった三条小鍛冶宗近は、喜んで受けたものの悩みが一つあった。刀を打つのに、自分と共に相槌《あいづち》が出来る刀鍛冶がいなかったのである。困った宗近は、稲荷神社に詣でて、神力を祈願していると、どこからともなく一人の童子が現れた。

「わたしの力を必要とするなら、剣を打つ壇を設けて待ちなさい」と告げると、稲荷山の奥深く去ってしまった。宗近は帰宅後、身を浄めて、鍛冶場に注連縄《しめなわ》を張って壇をつくった。すると、先ほどの童子が言った通り、稲荷明神が現れ、宗近に合わせて相槌を打った。剣には、表に「宗近」裏に「小狐」の名が刻まれ、こうして名刀「小狐丸」は出来上がったのである。この小鍛冶の故事にも登場する狐は、稲荷のシンボルである。狐は神の使いといわれ、神と人間の連絡係を担《にな》ってくれている。

神が宿る伏見人形

鳥辺山《とりべやま》の南に位置する稲荷山、その山頂は神の降臨地《こうりんち》として古くから崇《あが》められた神域である。参拝者は、山頂にとどまっている神を依代《よりしろ》の木に移し、山麓の家にお迎えして祀《まつ》っている。また、稲荷山の土を持ち帰って田畑に入れると豊作になるという。そこから稲荷の名物である素《す》焼《や》きの伏見人形が誕生している。稲荷の神が降臨した二月の初午《はつうま》の日、初午詣に参拝した人々は、伏見人形を買い求め家内に安置

伏見稲荷大社
京都市伏見区深草藪之内町68
電話／075-641-7331
交通／JR稲荷駅下車すぐ。京阪電鉄伏見稲荷駅下車、徒歩5分。市バス南5系統で稲荷大社前下車、徒歩6分。

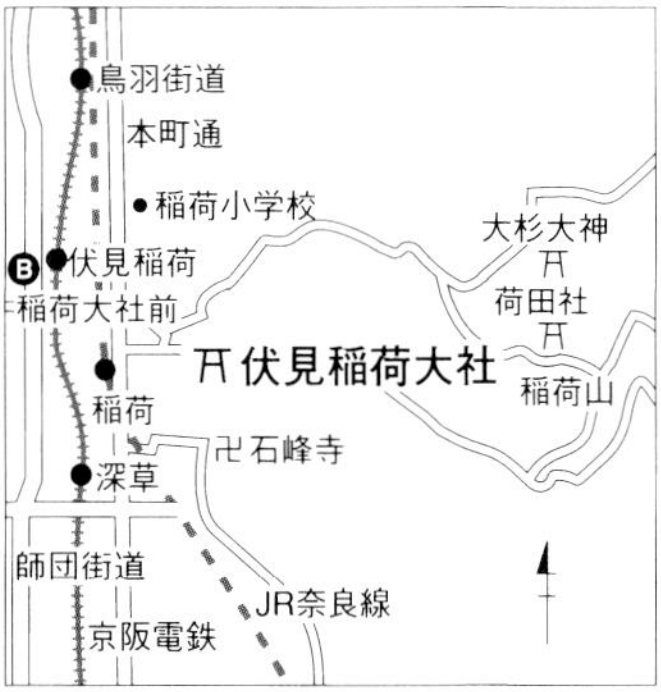

する。三十数種の人形は、稲荷神の使者である狐であったり、火難を防ぐ布袋尊《ほていそん》である。素朴な形をした郷土玩具であるが、山の神を地上(家)に迎える大きな意味を持っている。

石段の参道が延々続く稲荷山。塚を一つ、二つ、三つ、四つと越え、奥の院をまわり二時間余りのお山めぐりをする。山頂からは、西山の峰々に続き愛宕山《あたごやま》が一望出来る。樹木に覆われた参道脇から、カサコソと草ずれの音がする。稲荷明神の使者は、すぐそこにいるのかもしれない。

本殿近くの鳥居と稲荷神の使者・狐

狐が稲荷神の使者

（伏見稲荷大社

ふしみいなりたいしゃ

農耕守護神

稲荷山麓に鎮座する伏見稲荷大社は、和銅四年（七一一）秦伊呂具《はたのいろぐ》が農耕守護神を祀《まつ》ったことに始まる。平安遷都後は、弘法大師が東寺の鎮守社として崇《あが》めた。

桧皮葺《ひわだぶき》の優雅な楼門は秀吉が母の病気平癒を祈願して寄進したものである。本殿は向唐破風造りの向拝で、細部には豪華な桃山風の彫刻がみられる。

神通力をもつ狐

稲荷山へ登る道の千本鳥居（伏見稲荷七不思議の一つ）

楼門と拝殿

伏見稲荷七不思議

「1.数えられない鳥居の数」朱塗の鳥居がまるでトンネルのように続く「千本鳥居」は、本殿背後の上《かみ》社《しゃ》から稲荷山へ上る途中にある。ほかにも、境内には石や木の鳥居が無数にあり、稲荷の鳥居の数を正確に数えることは難しいという。**「2.験《しるし》の杉」**古来、初午詣《はつうまもうで》で神の依代《よりしろ》である杉の枝を持ち帰り植える。根が付けば吉だといわれた。現在は、お守りとして守札所で授与される。**「3.三剣稲荷《みつるぎいなり》」**当社で、三条小鍛冶宗近《こかじむねちか》が刀を石にあてたところ三段に斬れたという。**「4.宗近《むねちか》の井戸」**三条小鍛冶宗近が、名刀をつくる時に用いた井戸といわれる。**「5.奴禰鳥居《ぬねとりい》」**荷田社《かだしゃ》にある石鳥居のこと。中央の額束《がくづか》のところが、扠首束《さすつか》(交叉合掌《こうさがっしょう》の形)になっている。十数種類ある鳥居の型の中でも、この形は当社と、新京極錦《にしき》天満宮の日出《ひので》稲荷だけという珍しい鳥居。**「6.お産婆稲荷のロウソク」**安産の神として有名なお産婆稲荷。その神前に灯される燃えさしのロウソクを貰って帰ると、お産が軽いといわれる。**「7.おもかる石」**命婦社《みょうぶしゃ》の北側にある石灯籠のこと。この宝珠に祈願成就を祈り、その後に「重くなってほしい」、もしくは「軽くなってほしい」と頼んで持ち上げる。その時の重さの具合で、願い事がかなうかどうかがわかる。

上から荷田社の特殊な奴禰(ぬね)鳥居、おもかる石

三剣稲荷(御劔大神)

上醍醐《かみだいご》

霊山に湧く醍醐水《だいごすい》

上醍醐は、笠取《かさとり》山頂にある山上伽藍《さんじょうがらん》をさし、醍醐寺の発祥の地である。高さ四五〇メートル、山頂までの道のりは険しく霊験あらたかな山岳寺院である。貞観一六年（八七四）空海の孫弟子にあたる聖宝《しょうぼう》が、山上に草庵を結び、准胝《じゅんでい》、如意《にょい》輪《りん》の二体の観音像を造り安置したことに始まる。山頂入り口にある清滝宮には、醍醐山の守護神である清滝権現が祀ってあり、そのそばに霊水醍醐水が湧き出ている。

聖宝が、初めて笠取山に登った時のことである。翁の姿に身を変えた地主神、横尾明神が現れたのである。翁は、落葉の下に湧く霊水で喉《のど》を潤《うるお》すと「醍醐味《だいごみ》なるかな」と感嘆の声をもらし、聖宝に霊水の在処《ありか》を教えた。醍醐という地名はこの翁の言葉から起こったという。

お不動さんの力を授かる修験の霊場

また、醍醐寺は、毎年二月「五大力《ごだいりき》さん」で賑わう。一五〇キロからなる紅白の餅をどれだけ長く持っていられるか競うのであるが、不動明王の力にあやかろうという願いが込められている。歴史ある伽藍が立ち並ぶ山中は、厳しい修験の霊場だけあって、並々ならぬ威力が漲《みなぎ》っている。

上醍醐（醍醐寺）

京都市伏見区醍醐伽藍町１（醍醐寺）
電話／075-571-0002（醍醐寺）
交通／地下鉄東西線醍醐駅下車、出口２。JR山科駅から京阪バス22、24系統などで醍醐三宝院前下車。上醍醐までは女人堂から約3.5km。

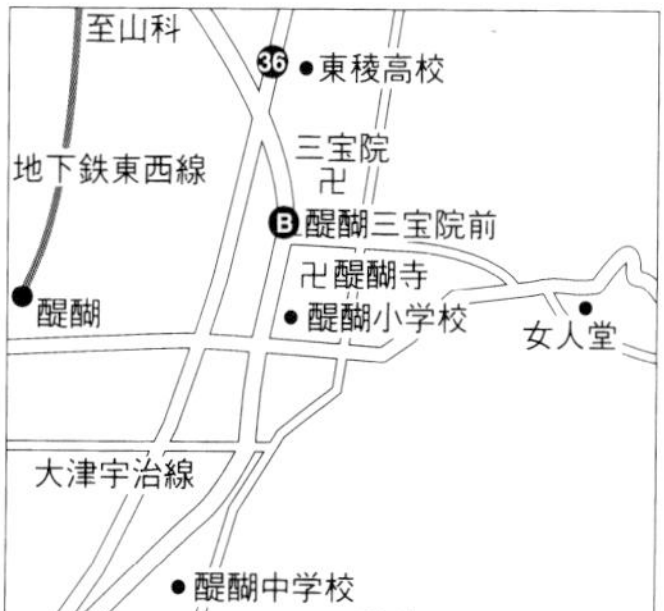

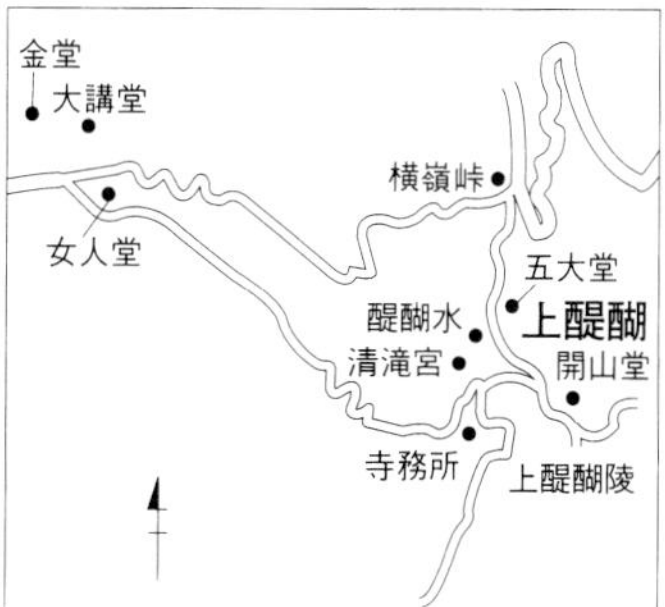

〝ダイゴミ〟の霊水、西国三十三所の霊場

（上醍醐《かみだいご》

“ダイゴミ”の霊水は今も上醍醐に湧き出ている

女人堂から上醍醐への山道は少し険しい

寺宝は竜神からのプレゼント

宝積寺（宝寺）《ほうしゃくじ たからでら》

本堂。御本尊は十一面観音

大黒天堂

打《う》出《で》と小《こ》槌《づち》が福を呼ぶ

天王山南斜面の中腹にある宝積寺は、聖武天皇（七〇一―五六）の勅願により行基《ぎょうき》（六六八―七四九）が創建。通称宝寺《たからでら》と親しまれ、今も多くの人の福神信仰を集めている。何とここには福を授けるという打出（弁天様の持物《じもつ》）と小槌（大黒様の持物）が神器《じんき》として伝わり、それにまつわる伝説が残されている。

宝積寺（宝寺）

ほうしゃくじ・たからでら

竜神が夢枕に立つ

奈良時代のこと。聖武天皇が皇太子だった時、夢枕に竜神が立った。打出と小槌を差し出し、「これを振りかざせば、果報が授かろう」と言った。太子が目を覚ますと、枕許には本当にこのめでたい呪宝《じゅほう》が置かれていた。そして、竜神が言った通り果報がやってきた。七十五日後、元正天皇の譲位があり、太子は天皇に即位したのである。聖武天皇となった太子は、竜神を信仰し、故事にしたがって奈良の都より乾《いぬい》（北西）の方角に打出と小槌を奉納することに決め、当時の高僧行《ぎょう》基《き》に寺を建てるよう勅命を下《くだ》した。それがこの宝積寺だという。

口碑《こうひ》がもう一つ。志を強く抱いて難波から京へ上る十二歳の少年がいた。淀川を舟で来る途中、山崎で下船し、この寺で修行を積んだ。修行を終えて一人前になった時、ちょうど都で鬼が大暴れをしていると聞き、早速都へ駆けつけ見事鬼を退治した。そこへ大黒天が現れ、褒美にと打出の小槌を振りかざした。すると時の大臣の姫君が現れ、二人はめでたく結ばれたという。

幸せを招く呪具《じゅぐ》である打出と小槌は、往時の輝きを放ったまま、宝積寺に静かに安置されている。

境内に建つ三重塔

宝積寺（宝寺）
京都府乙訓郡大山崎町大山崎銭原１
電話／075-956-0047
交通／JR山崎駅下車、徒歩６分。阪急電鉄大山崎駅下車、徒歩５分。

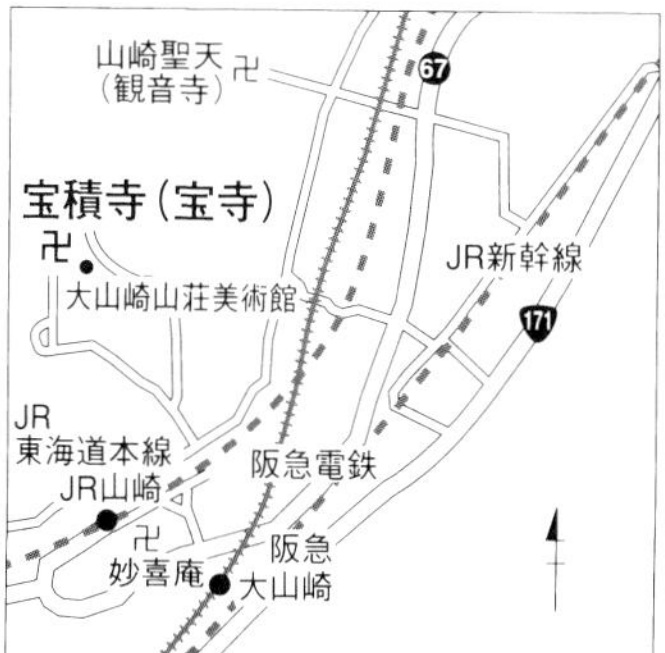

泉橋寺《せんきょうじ》

夢枕に立たれる地蔵菩薩(山城大仏)

泉橋寺は、木津川のほとり、山城町の南端にある。天平十三年(七四一)行基《ぎょうき》が泉川《いずみがわ》(木津川)に京都と奈良を結ぶ橋を架けた。その時に建立された寺である。

門前の西側に安置されている地蔵石仏は、高さ約四・八五メートル、自然石花崗岩《かこうがん》で出来た巨大な座像である。丸彫りの石仏として日本一の大きさを誇り、山城大仏と呼ばれている。

泉橋寺の門

仏身は鎌倉時代に造られたが、兵火に遭《あ》い首を焼失。現在のやさしいお顔と両手は、元禄三年(一六九〇)に補われたものである。

この地蔵菩薩は、たびたび夢枕に現れる。兵火に遭った時、住職の枕元に地蔵菩薩が立ち「頭が痛い」と訴えたという。元禄期に頭が造られたのは、地蔵菩薩のお告げによるものであった。

地蔵菩薩は、露天にスクッとそびえるように安置されているが、以前、雨風をしのげる御堂を建立しようという話が持ち上がったことがある。その時も夢枕に立たれ「こうして山城の里を見渡し、皆を守っているのだからお堂は建立しなくてよい」と住職に告げらた。今も慈愛に満ちたその柔らかなお顔で、木津川の流れを、そして山城の里を、じっと見守っている。

泉橋寺
京都府相楽郡山城町大字西下
電話/0774-86-2426
交通/JR上狛(かみこま)駅下車、徒歩15分。JR奈良駅から奈良交通45系統で泉大橋下車、徒歩5分。

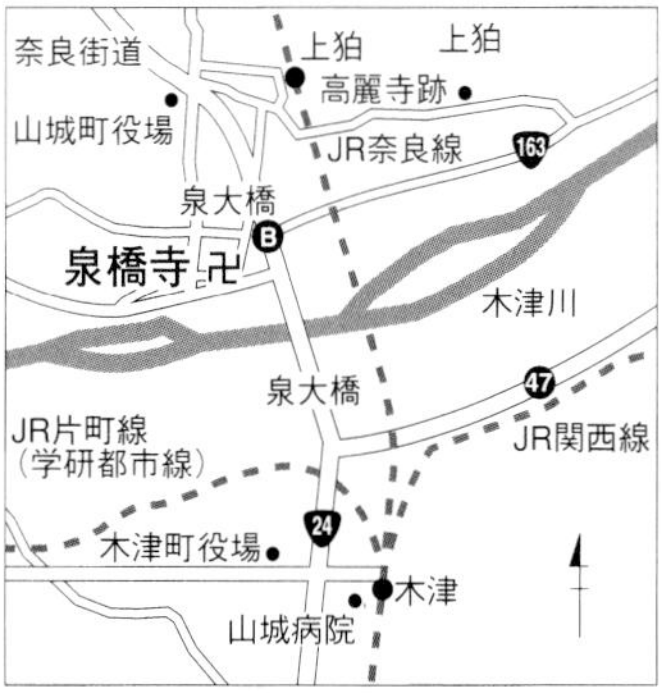

山城大仏と呼ばれている高さ4.85メートルのお地蔵さん

お堂は建立しなくてよい

（泉橋寺《せんきょうじ》）

動かなくなった鬼の首

朝もやに陽が射し、静寂を一層深める首塚大明神の社

（

首塚大明神

くびづかだいみょうじん

大枝山の首塚

丹波の大江山《おおえやま》から酒呑童子《しゅてんどうじ》の首を抱えて、源頼光《みなもとのよりみつ》ら一行は都へ向った。ところが都を目前にひかえた大枝山《おおえやま》の老ノ坂《おいのさか》で、鬼の首が突如動かなくなってしまい、一行は仕方なく老ノ坂峠に酒呑童子の首を葬った。

京都から国道九号線を車で行き、老ノ坂トンネルの手前に、左脇に逸《そ》れる道がある。坂をのぼると山陰街道の古道に出る。雑木林の中に「従是《これより》東山城国」と刻まれた石碑がある。そしてその向こうに「首塚大明神」の社がある。

首塚大明神《くびづかだいみょうじん》

人肉食う鬼の棲処《すみか》は丹波の大江山

京都市内から、山陰道を車で約三時間、山深い静かな里、丹波大江町は鬼の棲処であった。

平安時代、洛中洛外の人々が次々に姿を消すという奇怪な事件が起こった。帝《みかど》が陰陽師《おんみょうじ》に占わせたところ、大江山に棲《す》む鬼たちの仕業《しわざ》だという。そこで数々の怪物を退治し、その名を轟かせていた武将源頼光《みなもとのよりみつ》（九四八―一〇二一）に鬼退治の命を下したのである。

頼光は、四天王と呼ばれた強者揃いの臣下（渡辺綱《つな》、坂田金時、卜部《うらべ》季武、碓井《うすい》定光）と、これまた武勇猛々《たけだけ》しい平井保昌を招いて鬼退治の準備にかかった。出発前に、熊野神社、石清水《いわしみず》八幡宮、住吉神社へ参拝し神力を得て大江山へと向かう。

三神が授けた秘酒「神変鬼毒酒」

山伏に変装し、大江山千丈ヶ岳の深山へ踏み込んだ頼光ほか五人の武将は、途中三人の翁に出会う。「酒呑童子《しゅてんどうじ》を討たれるなら、鬼たちは酒が好物、この酒を差し上げますので鬼への土産になさいまし」。人間が飲めば妙薬、鬼が飲めばたちまち猛毒になるという不思議な酒壺をわたされた。

熊野、石清水、住吉の神々のご加護にあずかり、一行は酒呑童子の棲処である鬼の岩屋を目指した。岩屋へ着くと、山伏姿の一行は一夜の宿を求め、鬼の酒宴に潜入する。そして秘薬の酒の力を借り、見事、酒呑童子の首をはねたのであった。それでも鬼の首は宙を舞い、最期の力を振り絞り頼光に襲いかかったが、やがて酒の効き目があらわれ、首はポトリと地面に落ちた。時は永祚二年（九九〇）正月二十五日のことと伝えられている。

大江山は、美しい川の流れに沿って、その山懐《やまふところ》は、深く静かである。渓谷には、奇岩が多く、鬼の腰掛け岩や、その爪跡などが、山のあちこちに今もしっかりと刻まれている。美しく長閑な景色は、酒呑童子が暮らしていた頃と、さほど変わっていないのではと感じる。下界のざわめきがまったく入ってこない異空間なのである。

不気味な静寂に包まれる大枝山の首塚

さて、頼光一行は、酒呑童子の首を抱えて、都へ帰った。ところが、大枝山の老《おい》ノ坂《さか》を越えれば京都に入るという時に、坂田金時が持っていた鬼の首が、突如動かなくなってしまった。一行は仕方なく、老ノ坂峠に酒呑童子の首を葬ったのである。

木の根があらわな古道。上部左に首塚大明神の鳥居が見える

京都から国道九号線を車で走り、老ノ坂トンネルの手前に、左脇へ逸《そ》れる細い道がある。坂をのぼると山陰街道の古道に出る。峠の茶店で賑わった往時の面影を偲ぶものはどこにもない。雑木林の中に「従是東山城国」と刻まれた石碑がひっそりと立っている。その向こう、大杉に抱かれるように「首塚大明神」の社がある。頼光らが鬼の首を埋めた塚である。昼間でも鬱蒼《うっそう》としたその一角は、物音一つしない不気味な静寂に包まれている。木の根の盛り上がった杜《もり》の奥、耳を澄ませば酒呑童子の鼓動が伝わってきそうな怪域である。

首塚大明神
京都市西京区老ノ坂
交通／京都駅から、京都交通バス亀岡行で老ノ坂峠下車、老ノ坂トンネルの手前、南の古道をゆく。

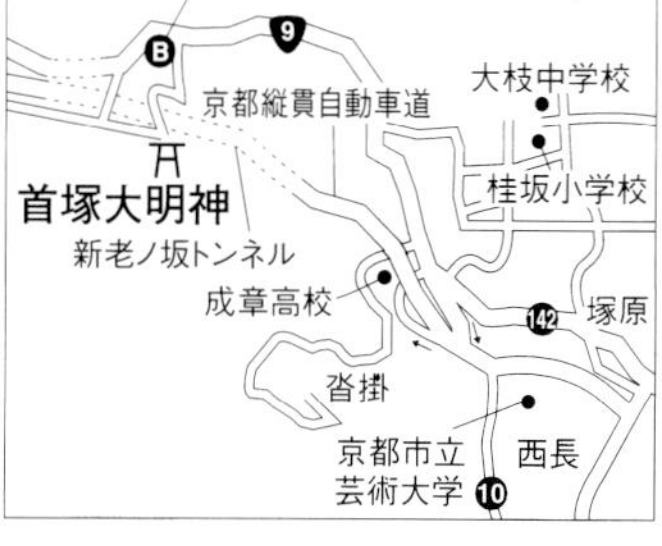

異界に通じた人　ベスト3――その一

小野篁（おののたかむら）

あの世とこの世を自在に往来

参議篁《さんぎたかむら》は、閻魔《えんま》の庁の冥官《めいかん》を勤める

堀川北大路を少し南に下がった西側に、桜の美しい一角がある。あたりはコンクリートのビルが立ち並んでいる殺風景なところであるが、そこだけは年中緑が繁っている。間口半間くらいの細い石畳は、小野篁（八〇二―五二）の墓所に通じている。奥には『源氏物語』の作者紫式部の墓がある。このたった二人きりの墓所に、表の堀川通りの喧噪《けんそう》はまったく入ってこず、不思議なほど静かな異空間である。

京都を歩いていると、小野篁の名をあちこちでよく見聞きする。昼間は朝廷の役人を勤め、夜になると閻魔の庁で官人を勤めていたという。閻魔大王と懇意にしており、あの世とこの世を自由自在に行き来できた人物とまことしやかに伝わっている。

謎多き貴人篁の風貌は六道珍皇寺《ろくどうちんこうじ》で拝むことができる。当寺の閻魔堂に、篁像は安置されている。実物の篁と寸分違わないというその像は、一八〇センチはゆうにある上背《うわぜい》のがっしりした大男で、それでいて端正な顔立ちが、秀才で漢詩人であった風雅さをにじみだしている。篁は、当寺の井戸から冥土《めいど》へ通勤していたという。篁の謎は、当時から取り沙汰されていたようで、多くの物語が残っている。そのなかの一つに、右大臣藤原良相《よしすけ》（八一三―六七）が病に倒れ他界した時の話がある。

良相は、たちまちのうちに閻魔大王の使者にからめ取られて、閻魔の庁に連れていかれた。そこで閻魔大王の横に並ぶ篁の姿を見たのであった。不思議に思っている良相の前で篁が閻魔王に申し出た。「この日本の大臣は、心正しく、人のためになる方です。今回のことは私に免じて許して下さい」と。閻魔大王は、篁の言葉を聞き「それは極めて難しいことだが、篁、お前がそういうのであれば許してやろう」と判断を下した。篁は「速やかに返

してやれ」と使者に命じると、良相は間もなく蘇生《そせい》したのであった……。

この藤原良相という人物、実際に篁を救ったことがあった。

承和元年（八三四）篁は遣唐副使に任命されたが、船が難破した。再出発の折り、篁の船を大使である藤原常嗣《つねつぐ》が取り上げたことから篁は乗船を拒否。この件が嵯峨天皇の怒りにふれ、篁は窮地に追いやられる。本来なら勅命に背いた罪で命にかかわるところを、藤原良相のかばいだてで隠岐島流罪ですんだのである。

さて、この物語には後日談がある。無事生き返った良相は、この世の朝廷で篁に会っている。「機会がなくて聞けなかったが、この前の冥土でのこと、忘れられません。あれはどういうことです」と密かに篁に尋ねた。

篁は良相に微笑んで、こう答えた。「以前、あなたに助けてもらったことがうれしくて、その想いを言ったまでのことです。ただし、このことは他言無用ですよ」

やはり篁は普通の人ではなかった、閻魔の庁の冥官であった、このことは千年の時を経てもなお、誰もが知る話、京の常識なのである。

篁の話は、葬送地界隈《かいわい》でよく耳にする。鳥辺野《とりべの》の六道珍皇寺《ろくどうちんこうじ》、蓮台野《れんだいの》の千本閻魔堂《せんぼんえんまどう》（引接寺《いんじょうじ》）しかりである。ともに巨大な閻魔大王像が安置されていて、どちらも篁が作った像だといわれている。ほかにも、篁が作った地蔵菩薩が、京の町のいたるところに安置されている。地蔵菩薩は、閻魔大王の使者とも、分身ともいわれている。

毎年八月二十二日に行われる六地蔵めぐりの六体の地蔵像は、木幡《こわた》の桜の大木から彫りだした篁の作という。（現在は、京に入る街道の要所にそれぞれ安置されているが、それは後年平清盛が配置したことである。）

八月二十二日、夜を徹して行われる六地蔵めぐりに詣でる。そのうちの一つ鞍馬街道の上善寺《じょうぜんじ》に参詣し、闇の中、無数の蠟燭《ろうそく》に照らし出された地蔵菩薩を拝む。やさしいお顔をした地蔵様は、ただじっと見つめてくれている。その表情、蠟燭の炎の陰影で、微笑んでいるようにも、怒っているようにも、哀しんでいるようにも見える。

澄んだ瞳で見たものを、閻魔の庁に報告するのだろうか。

ふっと、篁さんの眼差しにふれたような、そんな気がした。

異界に通じた人　ベスト3——その二

小野小町（おののこまち）

恋の亡者《もうじゃ》が巣くう異界

恋人たちの誰もが、一度は訪れたいと思う町——京都。いにしえより京を舞台に、男女の激しい情を綴った物語がいくつも編まれている。

古くは小野小町（生歿年不詳）に恋い焦《こ》がれた深草少将《ふかくさのしょうしょう》の悲恋物語がそうである。絶世の美女とうたわれ、六歌仙の歌人の一人でもある小野小町は、平安貴族の憧れの的であった。日々寄せられるラブレターで塚が出来るというほど、小町に想いを寄せる者は、あとを絶たない。しかし、小町は、誰にもなびかなかったのである。その毅然《きぜん》とした態度は、恋する者にとって冷たく酷《ひど》い仕打ちにも思えた。恋心は度を過ぎると恨《うら》み心となる。その思いの丈《たけ》がいかに凄《すさ》まじいものであったか、深草少将の百夜通《ももよがよ》いに見ることができる。

恋文を送っても返事のない日々に、深草少将の心は焦《じ》れた。そんな少将のもとに、「逢いたければ百夜通え」という難題が小町より寄せられる。少将は仰《おお》せのまま、毎夜通った。それも人目につかないように、車や輿《こし》を使わず、馬にも乗らず、一心に小町のことだけ想い裸足《はだし》で歩いて通った。少将は、現在の深草欣浄寺《ごんじょうじ》のあたりに邸があったというから小町の住んでいた小野随心院《おののずいしんいん》まで、約五キロの道のりを歩いたのである。雪の日、雨の日ひたすら通い九十九日、あと一日で想いが遂《と》げられるという時に、少将は力尽きて亡くなってしまう。

絶世の美女の髑髏《どくろ》がむせび泣く

洛北市原《いちはら》に、小町の終焉《しゅうえん》の地と伝わる小町寺（補陀洛寺《ふだらくじ》）がある。謡曲「通小町《かよいこまち》」の舞台でもある。

吾れ死なば焼くな埋むな野にさらせ
やせたる犬の腹こやせ

小町が死に際《ぎわ》に残した歌といわれるが、寂しい最期《さいご》を伝えている。当寺には老醜《ろうしゅう》をさらした小町像が安置されている。もとは、三途《さんず》の川の畔《ほとり》で亡者《もうじゃ》の衣を剝《は》ぎ取る鬼婆奪衣婆《だつえば》像で、それがいつの頃からか小町像となったのである。「通小町」では、死んでもなお、罪の重さから解き放たれず、成仏《じょうぶつ》できずに苦しむ小町が描かれている。小町は比叡山の高僧に助けを求める。薄《すすき》の生い茂る侘《わ》びしい境内で、小町の髑髏《どくろ》がむせび泣く。髑髏の目から薄が生え、それが風になびいて痛い……と。そこで僧が小町の菩提《ぼだい》を弔《とむら》おうとすると、邪魔が入る。小町を想いながら死んでいった深草少将の亡霊である。少将は死んだあとも小町を許しはしなかった。恐ろしき妄念《もうねん》である。現在、薄が茫々と生える小町寺の境内には、小町と少将の供養塔が安置されている。

女人を守る白蛇・祇園新橋　辰巳《たつみ》大明神

白川の流れに架かる祇園新橋。そのほとりに辰巳神社という小さな祠《ほこら》が安置されている。宵の頃、だらりの帯にぽっくりの舞子たちが、通りがかりに思わず掌を合わせる社である。

その昔、祇園の東南、八坂の塔の近くに辰巳新地という歓楽街があった。そこに弁天社が祀《まつ》ってあり、祠には神の使いである白蛇が棲《す》んでいた。ある時、当地に暮らす若い娘が、恋人である画家との行く末を社で占ってもらったところ、悪縁だから縁を切るようにとお告げが下った。激怒した画家は白蛇を棒で叩き殺してしまう。

それ以来、画家は行く先々で、白蛇の姿を目にするようになった。気味悪くなった画家は、辰巳新地を離れようと娘に持ちかけるが拒《こば》まれる。そして画家は娘とその母親を殺してしまうのである。その時、短刀を握っていた画家の手首には、白蛇が巻き付いていたという。画家は、狂わんばかりに手を振り払おうとするが、勢い余って行《あん》灯《どん》を倒してしまう。その火が原因で、辰巳新地は焼失したという。

後日談だが、近江石部《いしべ》の池で画家の水死体が上がった。その池のほとりには、見慣れぬ白蛇の姿が目撃されている。

現在、辰巳新地の名残はどこにもない。しかし今なお、辰巳明神は花街において、娘たちを守ってくれる。

祇園新橋の辰巳大明神

異界に通じた人　ベスト3――その三

安倍晴明（あべのせいめい）

異界のモノを操る陰陽師《おんみょうじ》

魔物の正体を見破る術

普通の人では見えないものが見える。そういった職能の代表が、陰陽師である。風水の技術を会得《えとく》し、自然を読み、鬼（式神《しきがみ》）を操って、時には人をも呪《のろ》い殺す。科学の発達した現代からみると、謎に包まれている。

陰陽師で最も有名なのは、安倍晴明（九二一―一〇〇五）である。活躍した時代が、藤原道長の政権確立の時期と重なるため、道長の危機を救った伝説が残る。

道長が法成寺《ほうじょうじ》の門から入ろうとした時、可愛がっていた白い犬が異常に吠える。さらに裾をくわえて行かせまいとする。道長が晴明を呼んで占わせると、目の前の地面に危険が潜んでいる、呪詛《じゅそ》であると見抜く。さらに晴明は、術を使って、その犯人が道《どう》摩《ま》法師（晴明の弟子）であることまで突きとめる。法師は、道長の政敵・藤原顕光《あきみつ》の命によって呪詛したことを白状したという。

晴明の使った術は、懐紙を鳥の形に作って呪文を唱えると、いつのまにか白鷺となって犯人の家に飛び下りるというものである。晴明の呪文には異界のモノを操る力があったとしか考えられない。

道長を救った話をもう一つ。

道長が物忌《ものい》みのため、外出をひかえ家に閉じこもっていた時、五月一日というのに南都より珍しい早瓜《はやうり》が献上された。共に籠《こも》っていた晴明に占わせたところ「その中の一つに毒気がある」と言う。さらに、加持祈祷《かじきとう》をすればその毒は顕《あらわ》れるというので、同席の僧に加持をさせると、なんと瓜が動き出した。その毒気を押さえようと針を二本刺すと、瓜はまったく動かなくなった。そこで腰刀を抜き瓜を割ると、中に小さな蛇がとぐろを巻いていた。見ると針は蛇の両目を刺しており、刃は蛇の鎌首を斬り落としていたのであった。

また、花山《かざん》天皇（九六八―一〇〇八）とかかわった話も結構ある。

頭痛に悩まされていた花山天皇が、病気平癒を晴明に頼んだところ、「帝の前世は、偉い行者であり、大峰山《おおみねさん》で入滅されたのですが、その髑髏《どくろ》が岩の間に挟まっているのです。雨の日は湿気を含み岩が膨張するので、髑髏はさらに圧迫されます」と説明する。晴明の言う通り、雨の日、天皇の頭痛は一際《ひときわ》悪化した。晴明は「その髑髏を取り出し、広いところに安置すれば頭痛は治ります」と占った。卜占《ぼくせん》は、ピタリと当たり帝の病は治ったという。

また、ある時は星の動きに異変を察知し、花山天皇の出家を予告したのも晴明であった。

晴明の威力が、ほかの陰陽師に比べいかに凄いかを表した話がある。

晴明が内裏《だいり》に出仕した時、烏が蔵人《くろうど》の少将に糞を落としているのを目撃した。「式神の仕業だ」と感じた晴明。それは、烏に姿を変えた式神が、少将に呪いをかけているところであった。晴明は、ことの重大さを少将に告げ、少将の邸で呪文《じゆもん》を唱え夜を過ごした。すると明け方、少将の義理の兄弟が顔面蒼白の形相《ぎょうそう》で現れた。少将を妬《ねた》んでいた兄弟が、陰陽師に頼み、式神をつかって呪い殺そうとしていたのである。ところが、晴明の呪力に太刀打ちできなかった式神は行き場をなくし、逆に自らを操っている陰陽師のほうを取り殺してしまったのであった。

そんな晴明に、畏《おそ》れを知らぬ僧が、問いただしたことがある。

「あなたは、式神を操るそうだが、それで人も殺せるのか」

「わたしの呪力を使えば容易《やす》いこと」

「では、あれを殺すことができるか」

といって、僧は一匹の蛙を指さした。晴明は、その場の草を摘み、呪文を唱《とな》え蛙に投げつけた。草が蛙に覆いかぶさるやいなや、蛙は押し潰《つぶ》されて死んでしまっていた。

さて、常に晴明のそばに付き従っている式神は、一条戻橋の下に棲処《すみか》をもっていた。怖い容貌をしている式神たちは、晴明の妻に恐れられ、一緒に暮らすことはならなかった。それゆえ、晴明の邸の向かい側にある橋の下の石櫃《いしびつ》に籠《こも》っていたという。

ご存じですか？七不思議

新京極
西本願寺
清水寺

京都一の繁華街・新京極

迷子の道しるべ

誓願寺《せいがんじ》にある道標。右側が教える方、左が尋ねる方に分かれていて、紙に書いて月下氷人石《げっかひょうじんせき》に貼り付ける。落とし物の場合も同様で、落とした人、拾った人がそれぞれ石に貼る。

内臓のある阿弥陀如来

解剖学者の山脇東洋（一七〇五―六二）の菩提寺である誓願寺。東洋は囚人を解剖して、医学に貢献したが、その囚人たちの菩提を弔《とむら》うために、五臓六腑のある阿弥陀如来を作り、当寺に寄進した。

長仙院の梅〝未開紅《みかいこう》〟

長仙院の梅は、蕾の間は紅色で、開花すると白花に咲く珍しい樹木である。

たらたら坂

三条から新京極に入る時の坂。すぐ西の寺町通り、東の河原町通りにはこのような起伏はないのに、この新京極にだけはなぜかたらたら下る坂がある。

和泉式部《いずみしきぶ》の墓と軒端《のきば》の梅

誠心院《せいしんいん》に和泉式部の墓があり、新京極通りの格子戸からチラリと覗くことが出来る。式部の墓である宝篋印塔《ほうきょういんとう》の脇には、式部の軒端の梅にちなんで梅の古木がある。

たらたら坂

京都駅からすぐの大寺院・西本願寺

逆蓮華《さかれんげ》の阿弥陀如来

安養寺《あんようじ》の阿弥陀如来像は、春日明神の作といわれる。蓮台《れんだい》を作り仏像を乗せたところ、二度も壊れてしまい、台座の蓮を逆さにして仏像を安置している。当寺の阿弥陀如来は、女人が往生《おうじょう》できる仏様だといわれている。

染殿院《そめどのいん》の裸地蔵

御旅町《おたびちょう》にある染殿院の本尊は、京都で唯一裸の地蔵尊である。寺伝によると、文徳天皇の后（染殿皇后）は、この地蔵尊に祈って清和天皇をお産みになったといい、安産守護の信仰がある。

染殿院

鬼の腕を入れた医師櫃《いしびつ》（白州水屋《しらすみずや》の手水鉢《ちょうずばち》）

もと羅城門《らじょうもん》にあった石。渡辺綱《わたなべのつな》が鬼の腕を斬り、その腕を入れていた石櫃で、夜毎に泣くので本願寺に寄付した。現在、奥庭で手水鉢として用いられている。

太鼓楼・躑躅《つつじ》の太鼓

豊臣秀吉が朝鮮出兵の時、朝鮮より取り寄せた太鼓。当地に本願寺が造営される時、秀吉の夢にお告げがあり、太鼓を寄付した。太鼓の胴は、躑躅の木をくり抜いて作られる。後の世になり、この太鼓楼は、新選組の屯所《とんしょ》ともなる。

堀川通りに面する西本願寺。太鼓楼は右端の建物

三面大黒天像

左甚五郎の作。もとは伏見桃山城にあったものであるが、時の将軍の夢の中に大黒天があらわれ、本願寺へ送ってくれるよう告げたことから、当寺へ寄付された。三面大黒天とは、正面が大黒天、右が弁財天、左が毘沙門天の顔になっており、三神のご利益《りやく》が得られる。

梟《ふくろう》の灯籠（手水鉢）

黒書院前の手水鉢。翌日雨が降る時は、その前夜に必ず梟の鳴き声がこの灯籠より聞こえるという。

遠くから見ると最も大きく見える人物

白書院鴻之間《こうのま》にある張良引《ちょうりょういん》四謁恵帝《しえつけいてい》図《ず》（狩野探幽筆）。一番遠く（南）に座っているこの絵を眺めると、最も大きく見えるという不思議な絵。

抜け雀

白書院《しろしょいん》雀の間に描かれた雀。円山応瑞の筆で多くの雀が描かれているが、うち二羽は抜け出したという。

日暮門《ひぐらしもん》

もと聚楽第《じゅらくだい》の門で、あまりに造りが精巧なので、見とれていると日が暮れたということから、門の前の通りを日暮通《ひぐらしどう》りといったという。破風《はふ》の鶴は左甚五郎の作であるが、その見事な彫刻は生命を宿し、よく飛び出すので首を切ったという。

西本願寺の南にある日暮門

京都へ来れば、まず清水参り・清水寺（七不思議に諸説あり）

平景清《たいらのかげきよ》爪彫りの観音像

平景清（?—一一九六）が牢獄に入れられている時、爪で石に観音像を彫り、清水寺に奉納したもの。随求堂《ずいぐどう》前の石灯籠にその姿を見ることができる。

梟《ふくろう》の手水鉢

手洗鉢の台座には、四方に仏、角に梟が彫ってあり、この手洗鉢で口をすすぐと歯痛が治るといわれる。

目隠《めかく》し門

赤い楼門のことで、この楼門に遮《さえぎ》られ、清水の仏堂が見えないことから名付けられている。

舞台から傘をさして谷へ飛び込む

懸崖造《けんがいづく》りの清水の舞台から願いごとがある人は傘をさし飛び込み、命が助かれば願い事は成就すると信じられていた。実行した人もいるようだが、危険行為なので当然厳禁である。

弁慶の足跡

虎の石灯籠

西門石段下に石灯籠があり、その火袋の下に岸駒《がんく》(?―一八三八)の虎の絵が彫り込んである。まるで生きているかのような絵なので、夜毎この虎が吠《ほ》える声が聞こえたり、灯籠から抜け出し水を飲みに出かけるという。

音羽《おとわ》の滝

本堂東の石段下に流れ出る滝。水源は、遙か南東の山科牛尾山《やましなうしおさん》から出ているといわれ、牛尾山で大蛇退治が行われたとき、この滝の水が赤く染まったという。無病息災の霊験がある。

弁慶の足形石

本堂の西側にある弁慶の足形石。一説には平景清の足形であるという。大男であった景清は実際一尺七寸(約五十一センチ)の足幅であったという。

待人《まちびと》地蔵(首振地蔵)

楼門前に地蔵院があり、その縁側に地蔵像が安置されている。この地蔵様は、首がまわるようになっていて、逢いたい人の方へ首を向けると、その人に逢えるといわれる。

音羽の滝

水飲みの竜

経堂天井に狩野元信筆(一四七六―一五五九)の竜が描かれている。夜になるとこの竜は水を飲みに抜け出すといわれている。

縁切り（えんきり）…… 47·48

祭事・縁日

牛祭（うしまつり）…… 67·69
祇園祭（ぎおんまつり）…… 7·9·100
玄武やすらい祭（げんぶやすらいまつり）…… 33
五大力さん（ごだいりきさん）…… 105
御霊会（ごりょうえ）…… 2·7·36
赦免地踊り（しゃめんちおどり）…… 85
崇道神社祭礼（すどうじんじゃさいれい）…… 13
節分会（せつぶんえ）…… 20·64
千灯供養〈地蔵盆〉（せんとうくよう）…… 75·76
千日詣（せんにちもうで）…… 77
竹伐り会（たけきりえ）…… 91
天神さん（てんじんさん）…… 3·23·26
初午（はつうま）…… 100·104
壬生狂言（みぶきょうげん）…… 20
やすらい祭（やすらいまつり）…… 34
六道まいり（ろくどうまいり）…… 60·61

食

あぶり餅（あぶりもち）…… 35
粟飯（あわめし）…… 7·8
唐板せんべい（からいたせんべい）…… 37
粽（ちまき）…… 80
幽霊子育飴（ゆうれいこそだてあめ）…… 56

動物

猪（いのしし）…… 79·80
狐（きつね）…… 32·100·102
猿（さる）…… 41·42·51·52·82
土蜘蛛（つちぐも）…… 29·45
寅〈虎〉（とら）…… 92·123
鵺（ぬえ）…… 18·57
蛇（へび）…… 21·72·89·91·117·118·123
竜〈竜王〉（りゅう）…… 6·21·123
竜穴（りゅうけつ）…… 6·21
竜神（りゅうじん）…… 19·21·93·94·107·108
竜吼（りゅうぼえ）…… 8

自然

石 ――
足形石（あしがたいし）…… 123
足洒石（あしすすぎいし）…… 16
石櫃（いしびつ）…… 119·121
磐座（いわくら）…… 31·32·34
おせきさん …… 41
おもかる石（おもかるいし）…… 104
鉄輪の掛石（かなわのかけいし）…… 16
月下氷人石（げっかひょうじんせき）…… 120
二見岩（ふたみいわ）…… 8
船形石（ふながたいし）…… 16
夜泣石（よなきいし）…… 8
鳥居 ――
千本鳥居（せんぼんとりい）…… 102·104
奴禰鳥居（ぬねとりい）…… 104
三つ鳥居（みつとりい）…… 66·68
橋・遺址・古墳・塚 ――
一条戻橋（いちじょうもどりばし） 10·45·46·119
羅城門遺址〈羅城門〉（らじょうもんいし）
…… 96·97·98·121
蛇塚古墳（へびづかこふん）…… 70·72
将軍塚（しょうぐんづか）…… 62
坂 ――
老ノ坂（おいのさか）…… 111·112
試みの坂（こころみのさか）…… 79
三年坂（さんねんざか）…… 55·57
たらたら坂（たらたらざか）…… 120
樹木 ――
相生の杉（あいおいのすぎ）…… 14
高野槙（こうやまき）…… 60
樒（しきみ）…… 77·80
時雨桜（しぐれざくら）…… 79
験の杉（しるしのすぎ）…… 104
躑躅の太鼓（つつじのたいこ）…… 121
椋（むく）…… 29
連理の賢木（れんりのさかき）…… 40
水 ――
晴明水（せいめいすい）…… 11
醍醐水（だいごすい）…… 105·106
力水（ちからみず）…… 6·8
霊泉·湧水（れいせん·わきみず）…… 19·49·68·93
山 ――
愛宕山（あたごやま）…… 77·78·79·80
稲荷山（いなりやま）…… 100·102
大枝山（おおえやま）…… 111·112
鞍馬山（くらまやま）…… 90·92
船岡山（ふなおかやま）…… 3·31·32·34

項目別さくいん（すべての項目ではなく、内容に即して作成致しました）

神

大国主命（おおくにぬしのみこと）……34·78·84
賀茂建角身命（かもたけつのみのみこと）……40
賀茂別雷命（かもわけいかずちのみこと）……40
櫛稲田姫命〈奇稲田姫命〉（くしなだひめのみこと）……6·34
四神（ししん）……2·6·31·33
素戔嗚尊（すさのおのみこと）……6·7·24·25·34·84
大将軍（だいしょうぐん）……2·22·24
玉依姫〈玉依日売〉（たまよりひめ）……16·40
火雷神（ほのいかずちのかみ）……36
火雷天神（ほのいかずちのてんじん）……49
火雷命（ほのいかずちのみこと）……40
雷神（らいじん）……26

仏

閻魔大王（えんまだいおう）……29·60·114
釘抜地蔵（くぎぬきじぞう）……27·28
子育て地蔵（こそだてじぞう）……61
地蔵菩薩（じぞうぼさつ）……18·20·60·76·84·109·110·115
大黒天（だいこくてん）……71·107·108·122
毘沙門天（びしゃもんてん）……62·90·92·96
弁財天（べんざいてん）……107

天皇

桓武天皇（かんむてんのう）……2·12·19·22·25·32·33·41·49·62·90·98
嵯峨天皇（さがてんのう）……19·61·115
聖武天皇（しょうむてんのう）……25·107·108
白河天皇（しらかわてんのう）……20·24·44
崇徳天皇〈上皇〉（すとくてんのう）……43·44
醍醐天皇（だいごてんのう）……25·26
鳥羽天皇（とばてんのう）……44
平城天皇（へいぜいてんのう）……19·49

鬼・式神・鬼門

鬼（おに）……10·18·45·56·64·69·77·92·96·108·111·112·118·121
鬼門（きもん）……2·10·18·41·51·52·64·77·82·84
式神（しきがみ）……10·45·118
酒呑童子（しゅてんどうじ）……85·111·112

女

和泉式部（いずみしきぶ）……120
井上内親王（いのえのないしんのう）……36
宇治の橋姫（うじのはしひめ）……14·48
小野小町（おののこまち）……48·116
清姫（きよひめ）……87·89
清少納言（せいしょうなごん）……32
檀林皇后（だんりんこうごう）……61
藤原吉子（ふじわらのよしこ）……36·49
紫式部（むらさきしきぶ）……114
六条御息所（ろくじょうのみやすどころ）……73

男

秋元但馬守（あきもとたじまのかみ）……83·85
阿倍晴明（あべのせいめい）……10·45·96·118
伊予親王（いよしんのう）……49
恵心〈源信〉（えしん）……56·69
他戸親王（おさべしんのう）……36
小野篁（おののたかむら）……29·60·114
吉備真備（きびのまきび）……36·49
行基（ぎょうき）……54·107·108·109
空海〈弘法大師〉（くうかい）21·28·61·76·93·102
空也（くうや）……76·80
惟喬親王（これたかしんのう）……33
坂上田村麻呂（さかのうえのたむらまろ）……62
早良親王（さわらしんのう）……2·12·36·38·49
慈覚〈円仁〉（じかく）……69·84
菅原道真（すがわらのみちざね）……23·25·26
橘逸勢（たちばなのはやなり）……36·49
秦氏（はたし）……32·67·68·69·72·102
深草少将（ふかくさのしょうしょう）……48·116
藤原種継（ふじわらのたねつぐ）……12·36
藤原広嗣（ふじわらのひろつぐ）……49
文室宮田麿（ふんやのみやたまろ）……36·49
源頼光（みなもとのよりみつ）29·45·96·111·112
八瀬童子（やせどうじ）……85
渡辺綱（わたなべのつな）……77·96·112·121

恋

縁結び（えんむすび）……40·41·42·71·73

異界所在地略図

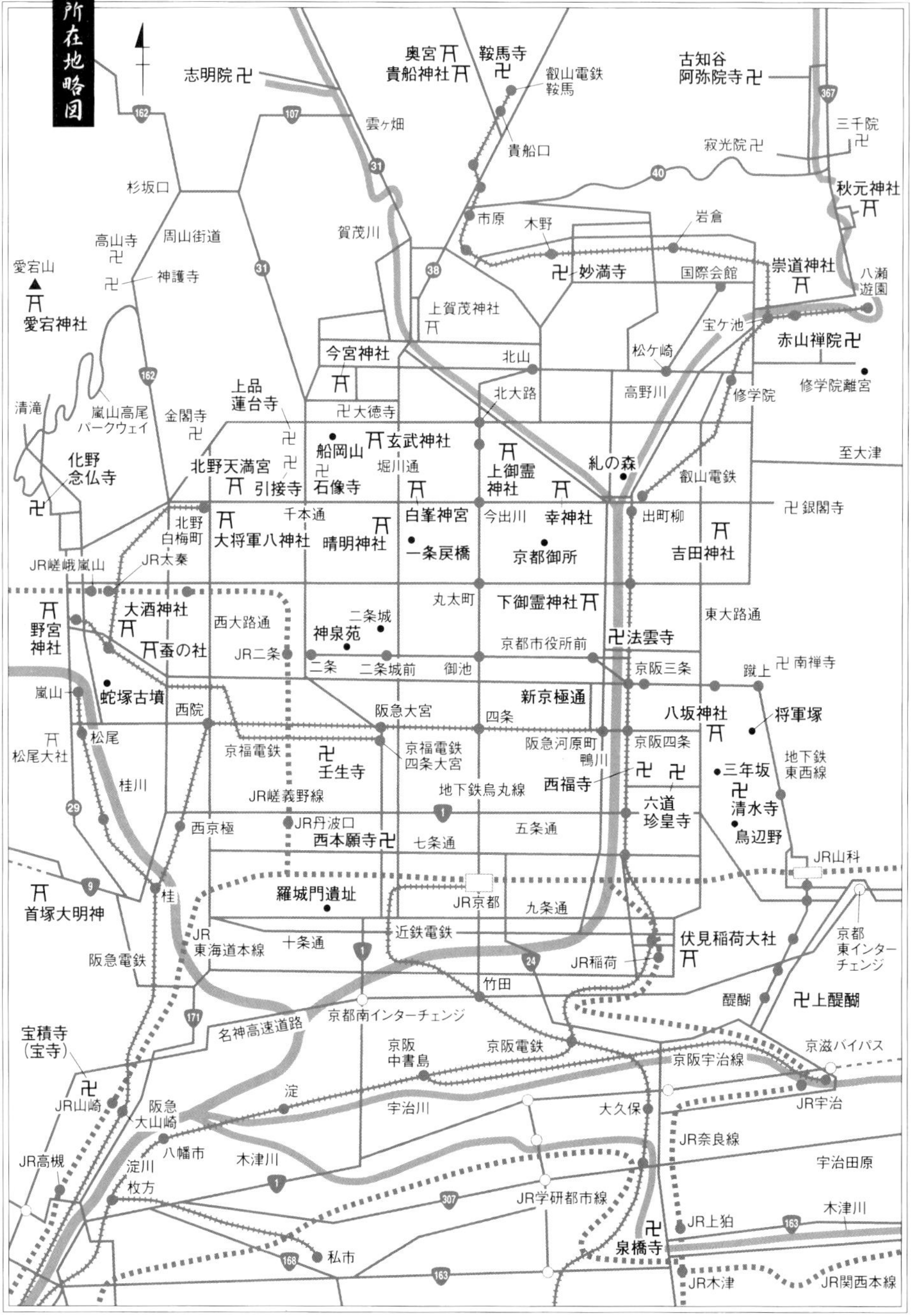

志明院
奥宮
貴船神社
鞍馬寺
叡山電鉄
鞍馬
古知谷
阿弥陀寺
雲ヶ畑
貴船口
三千院
寂光院
秋元神社
杉坂口
周山街道
高山寺
神護寺
賀茂川
市原
木野
岩倉
妙満寺
国際会館
崇道神社
八瀬
遊園
愛宕山
愛宕神社
上賀茂神社
宝ケ池
赤山禅院
今宮神社
北山
松ケ崎
修学院離宮
清滝
嵐山高尾
パークウェイ
金閣寺
上品
蓮台寺
大徳寺
北大路
高野川
修学院
化野
念仏寺
北野天満宮
引接寺
船岡山
玄武神社
石像寺
堀川通
上御霊
神社
糺の森
至大津
叡山電鉄
銀閣寺
千本通
白峯神宮
今出川
幸神社
出町柳
北野
白梅町
大将軍八神社
晴明神社
一条戻橋
京都御所
吉田神社
JR嵯峨嵐山
JR太秦
丸太町
下御霊神社
野宮
神社
大酒神社
西大路通
二条城
東大路通
神泉苑
蚕の社
JR二条
京都市役所前
法雲寺
二条
二条城前
御池
京阪三条
蹴上
南禅寺
嵐山
蛇塚古墳
新京極通
西院
阪急大宮
四条
八坂神社
将軍塚
松尾
松尾大社
京福電鉄
壬生寺
京福電鉄
四条大宮
阪急河原町
鴨川
京阪四条
三年坂
地下鉄
東西線
桂川
西福寺
六道
珍皇寺
清水寺
JR嵯峨野線
地下鉄烏丸線
西京極
JR丹波口
五条通
鳥辺野
西本願寺
七条通
JR山科
首塚大明神
桂
羅城門遺址
JR京都
九条通
京都
東インター
チェンジ
JR
東海道本線
十条通
近鉄電鉄
伏見稲荷大社
阪急電鉄
JR稲荷
竹田
醍醐
上醍醐
宝積寺
(宝寺)
名神高速道路
京都南インターチェンジ
京阪
中書島
京阪電鉄
京滋バイパス
京阪宇治線
JR山崎
阪急
大山崎
淀
宇治川
大久保
JR宇治
JR奈良線
八幡市
木津川
宇治田原
JR高槻
淀川
枚方
JR学研都市線
JR上狛
木津川
泉橋寺
私市
JR木津
JR関西本線
162
107
31
367
40
38
29
9
1
24
171
307
168
163

● 著者略歴 ●

蔵田敏明（くらた・としあき）
1954年、福山市に生まれる。京都市立高校教諭を経て、現在、名古屋外国語大学助教授。大谷大学非常勤講師。専攻は国文学。映画への造詣も深く、自ら劇団「創作工房」を主宰、映画専門誌『浪漫工房』の編集に携るなど、多彩な活動を続けている。著書に『脇役論』（創作工房）、『時代別・京都を歩く』（山と溪谷社）などがある。

角野康夫（すみの・やすお）
1944年、京都市に生まれる。1974年頃から京都の文化財・風物等を永遠のテーマとして取り組み、作品を発表する傍ら、他府県の撮影も行う。著書に『蓮華寺　京の古寺から18』（淡交社）、『京・街角の西洋館』（京都市地下鉄振興公社）、『今昔都名所図会　5　洛北』、『雅の京菓子』（京都新聞社）などがある。

新撰 京の魅力
京都・異界をたずねて

2000年4月19日　初版発行

著　者　文・蔵田敏明／写真・角野康夫
発行者　納屋嘉治
発行所　株式会社 淡交社
本社　〒603-8691 京都市北区堀川通鞍馬口上ル
営業☎075(432)5151　編集☎075(432)5161
支社　〒162-0061 東京都新宿区市谷柳町39-1
営業☎03(5269)7941　編集☎03(5269)1691

印　刷 —— 大日本印刷 株式会社
製　本 —— 大日本製本紙工 株式会社

http://tankosha.topica.ne.jp/

ISBN4-473-01741-9